PAULO AFFONSO LEME MACHADO

DIREITO DE ACESSO À ÁGUA

MALHEIROS
EDITORES

DIREITO DE ACESSO À ÀGUA
© Paulo Affonso Leme Machado (2018)

Direitos reservados desta edição por
MALHEIROS EDITORES LTDA.
Rua Paes de Araújo, 29 – conjunto 171
CEP 04531-940 – São Paulo/SP
Tel.: (11) 3078-7205 – Fax: (11) 3168-5495
URL: www.malheiroseditores.com.br
e-mail: malheiroseditores@terra.com.br

Editoração Eletrônica
Cicacor Editorial

Capa
Criação
Vânia Lúcia Amato

Arte
PC Editorial Ltda

Dados Internacionais de Catalogação na Publicação (CIP)

```
M149d    Machado, Paulo Affonso Leme.
             Direito de acesso à água / Paulo Affonso Leme Machado. –
         São Paulo : Malheiros, 2018.
         136 p. ; 21 cm.

            Inclui bibliografia.
            ISBN 978-85-392-0409-0

            1. Direito à água. 2. Direitos fundamentais. 3. Água potável.
         4. Água - Consumo. 5. Recursos hídricos - Administração. I.
         Título.

                                              CDU 347.247
                                              CDD 342.085
```

Índice para catálogo sistemático:
1. Direito à água   347.247
(Bibliotecária responsável: Sabrina Leal Araujo – CRB 10/1507)

Impresso no Brasil
Printed in Brazil
02.2018

*Para ALI MEKOUAR, JORGE A. FRANZA e TALDEN FARIAS,
que me incentivaram a conhecer e a refletir
sobre os problemas da falta d'água em
Cabo Verde, em Neuquén/Argentina e no Nordeste brasileiro.*

SUMÁRIO

Apresentação 11

1. Fundamentos da Política Nacional de Recursos Hídricos 13
   1.1 Água como bem de domínio público 13
      1.1.1 A água é "bem de uso comum do povo" 14
      1.1.2 A água não é bem dominical do Poder Público 16
      1.1.3 A abrangência do domínio público das águas, o Código
           Civil e o Código das Águas. A questão da indenização 16
      1.1.4 Águas pluviais, domínio público e Código das Águas 19
   1.2 Direito à água – Direito humano fundamental
      1.2.1 Introdução 20
      1.2.2 Efetivação do direito à água 21
      1.2.3 Direito de acesso à água potável 22
      1.2.4 A ONU, o direito à água potável e a diplomacia brasileira 23
   1.3 A água como um bem de valor econômico 24
   1.4 A escassez de água, a linha de prioridade e a possibilidade de
   suspensão da outorga 25
      1.4.1 Escassez de água, a prioridade do consumo humano
           e dessedentação dos animais 25
      1.4.2 Suspensão da outorga do direito de uso em razão de situação
           de calamidade ou de condição climática adversa 26
      1.4.3 Análise da Lei de Saneamento Básico frente à Lei de Política
           Nacional de Recursos Hídricos 27
   1.5 Uso múltiplo das águas 28
   1.6 A bacia hidrográfica
      1.6.1 A implementação da Política de Recursos Hídricos e a atuação do
           Sistema Nacional de Gerenciamento de Recursos Hídricos 29
      1.6.2 A bacia hidrográfica do Rio Apa e o Direito Internacional
           Ambiental 32

1.7 Gestão descentralizada e participativas dos recursos hídricos 33
1.8 Transposição de águas
    1.8.1 Introdução 34
    1.8.2 Água disponível na bacia hidrográfica provedora 35
    1.8.3 Análise dos usos futuros das águas da bacia hidrográfica
    provedora 36
    1.8.4 Competência do CNRH para deliberar sobre projetos de
    aproveitamento de recursos hídricos envolvendo
    vários Estados 36
    1.8.5 Os Comitês de Bacias Hidrográficas e a democracia ambiental
    nas transposições de águas 37
2. Dos objetivos da Política Nacional de Recursos Hídricos
    2.1 As águas e o desenvolvimento sustentável 38
    2.2 Prevenção das enchentes 39
3. Das diretrizes gerais de ação 40
4. Dos Planos de Recursos Hídricos
    4.1 Conceito, prazo de vigência e órgãos competentes 41
    4.2 Abrangência: plano de bacia hidrográfica, dos Estados e do País 42
    4.3 Conteúdo 43
    *4.4 Plano de Recursos Hídricos e outorga de direitos de uso de recursos
    hídricos* 45
    *4.5 Plano de Recursos Hídricos e cobrança do uso de recursos
    hídricos* 46
    *4.6 Plano de Recursos Hídricos e plano de aplicação dos recursos
    arrecadados com a cobrança pelo uso de recursos hídricos* 46
    4.7 Plano de Recursos Hídricos e licenciamento ambiental 47
    4.8 Plano de Recursos Hídricos, publicidade e Audiência Pública 47
    4.9 Plano de Recursos Hídricos e o Plano Nacional de Irrigação 48
    *4.10 Plano de Recursos Hídricos, planejamento e zoneamento
    ambiental* 48
**5. Enquadramento dos corpos de água e competência para classificação
das águas** 49
6. Outorga dos direitos de uso de recursos hídricos
    6.1 Conceito 51
    6.2 Abrangência da outorga de uso das águas 53
    6.3 Outorga e reserva hídrica
        6.3.1 Reserva hídrica para salvaguarda ambiental 55
        6.3.2 Outorga preventiva para declaração de disponibilidade
        de água 55
        6.3.3 Declaração de reserva de disponibilidade hídrica para uso do
        potencial de energia hidráulica 56

SUMÁRIO

6.4 Outorga dos direitos de uso da água e Estudo Prévio de Impacto Ambiental 57

6.5 Outorga dos direitos de uso de recursos hídricos e licenciamento ambiental 58

6.6 Objetivos da outorga, vinculação, discricionariedade e ônus da prova do requerente

    6.6.1 Introdução 59

    6.6.2 Controle quantitativo dos usos da água 60

    6.6.3 Controle qualitativo dos usos da água 60

    6.6.4 Efetivo exercício dos direitos de acesso à água 60

6.7 Publicidade do procedimento de outorga e direito à informação 61

6.8 Outorga dos direitos de uso de recursos hídricos e dever de fiscalizar 62

6.9 Condições constantes da outorga dos direitos de uso das águas e cobrança do uso 62

6.10 Suspensão da outorga dos direitos de uso de recursos hídricos 63

6.11 Outorga do direito de uso das águas e aproveitamento dos potenciais hidrelétricos 64

6.12 Outorga de direitos de uso das águas e lançamento de esgotos 66

6.13 Não exigibilidade da outorga dos direitos de uso das águas 66

6.14 Infrações relativas à outorga 67

6.15 Sistema integrado de outorgas 68

6.16 Delegação da outorga 68

7. Cobrança do uso de recursos hídricos

7.1 Finalidade 69

7.2 Cobrança pelo uso de recursos hídricos e outorga de direitos de uso de recursos hídricos 70

7.3 Cobrança pelo uso de recursos hídricos pelas concessionárias de energia elétrica 71

7.4 Fixação dos valores a serem cobrados 72

7.5 As receitas da cobrança nos rios de domínio da União e a Conta Única do Tesouro Nacional 73

7.6 Aplicação dos valores arrecadados com a cobrança pelo uso de recursos hídricos 74

    7.6.1 Aplicação prioritária na bacia hidrográfica ....

    7.6.2 Critérios de utilização dos valores arrecadados com a cobrança pelo uso de recursos hídricos

        7.6.2.1 Financiamento de estudos, programas, projetos e obras incluídos nos Planos de Recursos Hídricos 75

        7.6.2.2 Objeto do financiamento 75

7.6.2.3 Os órgãos do Sistema Nacional de Gerenciamento de
Recursos Hídricos e o limite das despesas de implantação
e de custeio administrativo 76
7.7 *Cobrança pelo uso de recursos hídricos e existência de Plano de
Recursos Hídricos* 76
7.8 *Natureza jurídica dos valores arrecadados pelo uso dos recursos
hídricos* 77
8. Sistema de Informações sobre Recursos Hídricos 78
9. Sistema Nacional de Gerenciamento de Recursos Hídricos 79
10. Conselho Nacional de Recursos Hídricos
10.1 *Composição do Conselho Nacional de Recursos Hídricos* 81
10.2 *Competência do Conselho Nacional de Recursos Hídricos* 82
11. A Agência Nacional de Águas-ANA
11.1 *Introdução* 86
11.2 *Competência da Agência Nacional de Águas-ANA* 87

11.3 *A Agência Nacional de Águas-ANA e o contrato de gestão*
11.3.1 A Agência Nacional de Águas-ANA e a descentralização 90
11.3.2 O contrato de gestão
11.3.2.1 O Plano de Recursos Hídricos e o contrato de gestão 90
11.3.2.2 As despesas com pessoal 91
11.4 *A aplicação das receitas pela entidade delegatária* 91
11.5 *Transferência das receitas de cobrança para as entidades
delegatárias* 93
11.6 *A avaliação das entidades delegatárias* 93
11.7 *Responsabilização no caso de malversação das receitas e dos bens* 93
12. Conselhos Estaduais de Recursos Hídricos 95
13. Comitês de Bacia Hidrográfica 96
13.1 *Diferentes tipos de Comitês* 97
13.2 *Área de atuação dos Comitês de Bacia Hidrográfica* 98
13.3 *Instituição dos Comitês de Bacia Hidrográfica em rios de
domínio da União* 98
13.4 *Composição dos Comitês de Bacia Hidrográfica*
13.4.1 Introdução 99
13.4.2 Os usuários nos Comitês de Bacias Hidrográficas 102
13.4.3 Das entidades civis nos Comitês de Bacias Hidrográficas 103
13.5 *Competência dos Comitês de Bacias Hidrográficas em rios
de domínio da União* 103
13.6 *Autonomia dos Comitês de Bacia Hidrográfica e intervenção
do Conselho Nacional de Recursos Hídricos* 106
13.7 *Os Comitês de Bacia Hidrográfica e as entidades delegatárias*

13.7.1 Os Comitês de Bacia Hidrográfica e o contrato de gestão 107
13.7.2 Os Comitês e a informação enviada pelas entidades
    delegatárias e pela Comissão de Avaliação............................. 108
13.7.3 Os Comitês de Bacia Hidrográfica e sua secretaria
    executiva 109

14. As Agências de água
14.1 Introdução 109
*14.2 Agências de Água, Sistema Nacional de Gerenciamento de
    Recursos Hídricos e autonomia dos Estados* 109
14.3 Agências de Água e o planejamento 110
14.4 Agências de Água e a informação 110
14.5 Agências de Água e atividade financeira 110
14.6 Controle da atividade financeira das Agências de Água 111
14.7 A substituição das Agências de Água
    14.7.1 Introdução 111
    14.7.2 As Agências de Água
        14.7.2.1 Relação das Agências de Água com os Comitês
            de Bacia Hidrográfica 112
        14.7.2.2 Criação das Agências de Água 113
        14.7.2.3 Delegação das funções das Agências de Água 113
    14.7.3 As entidades delegatárias das Agências de Água 114

15. Organizações civis de recursos hídricos
15.1 Conceito e tipos de organizações 115
*15.2 As organizações civis de recursos hídricos não devem ter fins
    lucrativos* 117

Anexo: Lei 9.433, de 8 de janeiro de 1997 119
Bibliografia 135

Apresentação

Este livro – *Direito de Acesso à Água* – visa a mostrar ao leitor os problemas jurídicos do acesso à água, principalmente, no Brasil. Em outra publicação – *Direito dos Cursos de Água Internacionais* (Malheiros Editores, 2009) –, procurei tratar da partilha ou da distribuição planetária das águas. Não é preciso insistir sobre a importância da água na vida de cada ser humano e na existência da fauna e da flora, pois sabemos ou sentimos as aflições da má gestão hídrica.

Neste livro, enfrenta-se a implementação do direito ao acesso à água. Abordam-se os posicionamentos dos que querem privatizar esse bem de uso comum de todos, tratando-o como mercadoria. Analisam-se as concepções dos que agem para subordinar a distribuição da água ao arbítrio dos governos. Há de insistir-se, inclusive judicialmente, na necessidade de uma ampla e transparente fundamentação da concessão ou denegação das outorgas dos direitos de usos das águas.

Procura-se, nesta publicação, a construção da democracia hídrica, valorizando-se a independência dos comitês de bacia hidrográfica, para que todos possam aceder a uma água saudável na qualidade e suficiente na quantidade, recebendo os benefícios de um sadio desenvolvimento, com equilíbrio ecológico, com justiça e com solidariedade.

PAULO AFFONSO LEME MACHADO

1. FUNDAMENTOS DA POLÍTICA NACIONAL DE RECURSOS HÍDRICOS[1]

A Lei 9.433, de 8.1.1997, publicada no *DOU* de 9.1.1997, tem como ementa: "Institui a Política Nacional de Recursos Hídricos, cria o Sistema Nacional de Gerenciamento de Recursos Hídricos, regulamenta o inciso XIX do art. 21 da Constituição Federal e altera o art. 1º da Lei 8.001, de 13 de março de 1990, que modificou a Lei n. 7.990, de 28 de dezembro de 1989". Empregou-se a expressão "recursos hídricos" na Constituição Federal. Não nos parece que esta locução deva traduzir necessariamente aproveitamento econômico do bem. Ainda que não sejam conceitos absolutamente idênticos "águas" e "recursos hídricos", empregaremos estes termos sem específica distinção, pois a lei não os empregou com uma divisão rigorosa.

Alguns Estados anteciparam-se à Lei federal 9.433/1997, elaborando leis sobre recursos hídricos: São Paulo – Lei 7.663, de 30.12.1991; Ceará – Lei 11.996, de 24.7.1992, Minas Gerais – Lei 11.504, de 20.6.1994; Rio Grande do Sul – Lei 10.350, de 10.12.1994; Bahia – Lei 6.855, de 12.5.1995, e Rio Grande do Norte – Lei 6.908, de 1.7.1996.

1.1 Água como bem de domínio público

A Lei 9.433/1997 inicia com a afirmação: "A água é um bem de domínio público". Essa declaração do art. 1º, I, da lei em exame tem diversas implicações.

---

1. Paulo A. L. Machado, *Direito dos Cursos de Água Internacionais*, São Paulo, Malheiros Editores, 2009.

1.1.1 A água é "bem de uso comum do povo"

A água é um dos elementos do meio ambiente. Isto faz com que se aplique à água o enunciado no *caput* do art. 225 da CF: "Todos têm direito ao meio ambiente ecologicamente equilibrado, bem de uso comum do povo ...".

Há diversidade de categorias de bens, pois a água é um bem corpóreo e o meio ambiente é um "bem incorpóreo de domínio público", como salienta a saudosa Juíza e Professora Lúcia Valle Figueiredo.[2]

Antes da promulgação do Código Civil brasileiro de 1916, manifestava-se a doutrina, na pena de José Antônio Pimenta Bueno, em sua obra *Direito Público Brasileiro e Análise da Constituição do Império*: "Domínio público – por esta denominação, comumente se indica a parte dos bens nacionais, que é afetada imediatamente ao gozo e serviço comum do povo, como as estradas, canais, rios navegáveis ou boiantes etc.".[3]

O Código Civil brasileiro, no seu Livro II, trata "Dos Bens". O Cap. III versa sobre os "Bens Públicos e Particulares". Diz o art. 99:

"São bens públicos: I – os de uso comum do povo, tais como rios, mares, estradas, ruas e praças; II – os de uso especial, tais como edifícios ou terrenos destinados a serviço ou estabelecimento da administração federal, estadual, territorial ou municipal, inclusive os de suas autarquias; III – os dominicais, que constituem o patrimônio das pessoas jurídicas de direito público, como objeto de direito pessoal, ou real, de cada uma dessas entidades".

Como vemos, os "rios" sempre foram classificados, no Direito brasileiro, como bens de uso comum do povo, seguindo-se o Direito Romano, como se vê nas *Institutas* de Justiniano.

O Código das Águas – Decreto 24.643, de 10.7.1934 – ampliou o domínio público das águas. Veja-se a *Exposição de Motivos* do referido decreto, de autoria do Dr. Alfredo Valladão.[4]

---

2. *Curso de Direito Administrativo*, 9ª ed., São Paulo, Malheiros Editores, 2008, p. 567.

3. Rio de Janeiro, Typografia Imp. e Const. de J. C. Villeneuve, 1857.

4. In: B. Cabral (coord.), *Direito Administrativo – Tema Água*, Senado Federal, 1997. O decreto de outorga do Código das Águas é da lavra do Governo Provisório. A CF/1934, no art. 18 das Disposições Transitórias, disse: "Ficam aprovados os atos do Governo Provisório, interventores federais nos Estados e mais delegados do mesmo Governo e excluída qualquer apreciação judiciária dos mesmos atos e dos seus efeitos". A aprovação do Código das Águas, contudo, não o transformou em lei.

O domínio público da água, afirmado na Lei 9.433/1997, não transforma o Poder Público federal e estadual em proprietário da água, mas torna-o gestor desse bem, no interesse de todos. Como acentua o administrativista italiano Massimo Severo Giannini, "o ente público não é proprietário, senão no sentido puramente formal (tem o poder de autotutela do bem), na substância é um simples gestor do bem de uso coletivo".[5]

Salientemos as consequências da conceituação da água como "bem de uso comum do povo": o uso da água não pode ser apropriado por uma só pessoa física ou jurídica, com exclusão absoluta dos outros usuários em potencial; o uso da água não pode significar a poluição ou a agressão desse bem; o uso da água não pode esgotar o próprio bem utilizado e a concessão ou a autorização (ou qualquer tipo de outorga) do uso da água deve ser motivada ou fundamentada pelo gestor público.

Miguel Marienhoff definiu o "uso comum" da água como aquele que realiza toda a pessoa pela sua mera condição como tal, sem mais requisitos que a observância das disposições regulamentárias. A natureza desse "uso comum" da água é a de um direto natural de todo indivíduo, um atributo inerente à personalidade humana, sendo, por isso, um direito preexistente ao Estado, inato do indivíduo, a quem pertence como consequência de sua "condição de ser humano membro da coletividade".[6]

A presença do Poder Público no setor hídrico tem que traduzir um eficiente resultado na política de conservar e recuperar as águas. Nesse sentido o art. 11 da Lei 9.433/1997, que diz: "O regime de outorga de direito de uso de recursos hídricos tem como objetivos assegurar o controle quantitativo e qualitativo dos usos da água e o efetivo exercício dos direitos de acesso à água". O Poder Público não pode agir como um "testa de ferro" de interesses de grupos para excluir a maioria dos usuários do acesso qualitativo e quantitativo às águas. Seria um aberrante contrassenso o domínio público "aparente" das águas, para privatizá-las, através de concessões e autorizações injustificadas do Governo Federal e dos Governos Estaduais, servindo ao lucro de minorias.

Se houver a pretensão de instituir-se um "leilão de águas", comerciando-se o direito de outorga do uso do recurso hídrico, ao mesmo tempo haverá de ser instituída uma "reserva hídrica" para os usos insignificantes

---

5. Massimo Severo Giannini, *Istituzioni di Diritto Amministrativo*, Milão, Giuffrè Editore, 1981, p. 561.
6. Miguel Marienhoff, *Régimen y Legislación de las Aguas Públicas y Privadas*, t. V, Buenos Aires, Abeledo Perrot, 1939, p. 729, *apud* Mauricio Pinto *et al.*, *El Derecho Humano al Agua*, Buenos Aires, Abeledo Perrot, 2008, p. 2.

e gratuitos e para a conservação do meio ambiente, em especial da fauna aquática.

O legislador brasileiro agiu bem ao considerar todas as águas "de domínio público" no sentido de "bem de uso comum do povo". O Prof. Michel Prieur afirma que "A água – patrimônio comum – a água, ela mesmo, não faz verdadeiramente objeto de um direito de propriedade. Ela é considerada, da mesma forma que o ar, uma coisa comum. Mas a utilização das diversas águas dá aos proprietários certos direitos exercidos sob o controle da administração".[7]

1.1.2 A água não é bem dominical do Poder Público

O bem dominical é aquele que "integra o patrimônio privado" do Poder Público. O seu traço peculiar é a "alienabilidade", como aponta o Prof. José Cretella Júnior.[8] Bem dominical difere, portanto, de bem dominial. Indique-se o art. 18 da Lei 9.433/1997 para atestar que a água não faz parte do patrimônio privado do Poder Público, ao dizer: "A outorga não implica a alienação parcial das águas que são inalienáveis, mas o simples direito de uso". A inalienabilidade das águas marca uma de suas características como bem de domínio público.

O art. 1º do Decreto 24.643/1934 – chamado de Código das Águas – diz que "as águas públicas podem ser de uso comum ou dominicais". Vimos que, com o advento da Constituição Federal (art. 225) e da Lei 9.433/1997 (arts. 1º e 18, cits.), essa parte do artigo do decreto de 1934 está revogada (art. 57 da lei mencionada), pois as águas públicas não podem ser dominicais. O Governo Federal e os Governos Estaduais, direta ou indiretamente, não podem tornar-se comerciantes de águas. A Lei 9.433/1997 introduz o direito de cobrar pelo uso das águas, mas não instaura o direito de venda das águas.

1.1.3 A abrangência do domínio público das águas,
o Código Civil e o Código das Águas. A questão da indenização

Utilizando a locução "a água é um bem de domínio público", a Lei 9.433/1997 abrange todo tipo de água, diante da generalidade empregada.

---

7. Michel Prieur *et al.*, *Droit de l'Environnement*, 7ª ed., Paris, Dalloz, 2016, p. 887 (§ 1.093) (minha a tradução).

8. José Cretella Júnior, *Dicionário de Direito Administrativo*, 3ª ed., Rio de Janeiro, Forense, 1978, p. 107.

Não especificando qual a água a ser considerada, a água de superfície e a água subterrânea, a água fluente e a água emergente passaram a ser de domínio público.

O CC brasileiro, do art. 1.288 ao art. 1.296 – a não ser no art. 1.290 –, não se refere diretamente ao domínio das águas. Indiretamente, contudo, há reflexos sobre o direito de utilização das águas, obrigando, em certos casos, a recepção de águas do prédio superior, ou o direito de recepção de águas por parte de prédio inferior e a utilização de águas pluviais.

O Código das Águas – Decreto 24.643/1934 – previu o tema "Águas Particulares" em seu Livro I, Tít. I, Cap. III, afirmando em seu art. 8º: "São particulares as nascentes e todas as águas situadas em terrenos que também o sejam, quando as mesmas não estiverem classificadas entre as águas comuns de todos, as águas públicas ou as águas comuns". Com a entrada em vigor da Lei 9.433/1997, pode-se entender que essa disposição do decreto de 1934 contraria a nova lei e, por isso, conforme o seu art. 57, foi revogada. As nascentes situadas em terrenos privados, mesmo passando a ser públicas, poderão ser utilizadas pelos proprietários privados, com a finalidade do "consumo humano e da dessedentação de animais" (art. 1º, III, da Lei 9.433/1997), sendo que o regulamento disporá sobre as "derivações e captações" insignificantes, quando é desnecessária a prévia outorga do Poder Público (art. 12, § 1º, II, da lei apontada).

O domínio hídrico público deve dar acesso à água àqueles que não sejam proprietários dos terrenos em que as nascentes aflorem, àqueles que não estão em prédios à jusante das nascentes e àqueles que não são ribeirinhos ou lindeiros dos cursos d'água.

As águas subterrâneas passam a fazer parte do domínio público em face dos arts 1º, I, 12, II, e 49, *caput* e inciso V, todos da Lei 9.433/1997, pois está sujeita a outorga pelo Poder Público a "extração de água de aquífero subterrâneo para consumo final ou insumo de processo produtivo" e é considerada infração das normas de utilização de recursos hídricos subterrâneos "perfurar poços para extração de água subterrânea ou operá-los sem a devida autorização".

As águas subterrâneas integram os bens dos Estados (art. 26, I, da CF).

Aquífero é a "formação porosa (camada ou estrato) de rocha permeável, areia ou cascalho, capaz de armazenar e fornecer quantidades significativas de água".[9]

---

9. *Glossário de Termos Hidrogeológicos*, Brasília, DNAEE, 1983; e *Glossário de Termos Usuais em Ecologia*, Academia de Ciências do Estado de São Paulo, 1980.

Com a referida lei, notadamente o referido art. 12, II, houve a revogação do art. 96 do decreto de 1934, que diz: "O dono de qualquer terreno poderá apropriar-se por meio de poços, galerias etc. das águas que existam debaixo da superfície de seu prédio, contanto que não prejudique aproveitamentos existentes nem derive ou desvie de seu curso natural águas públicas dominicais, públicas de uso comum ou particulares". Não é mais possível apropriar-se das águas subterrâneas, passando a ser possível usá-las se houver outorga do órgão público e pagamento desse uso (art. 21, I, da Lei 9.433/1997).

No Brasil, as nossas Constituições republicanas sempre incluíram as correntes de água em terrenos de domínio da União e os rios que banhem mais de um Estado ou que sirvam de limites com outros Países, ou dele provenham, como bens da União (art. 20, II, da CF/1934; art. 36, "b", da CF/1937; art. 34, I, da CF/1946; art. 4º da CF/1967; art. 4º, II, da EC 1/1969; e art. 20, II, da CF/1988). Contudo, essas Constituições não colocaram todas as águas como bens públicos federais.

Com referência aos bens dos Estados brasileiros, a Constituição Federal de 1988 diferenciou-se das anteriores Constituições, que se limitaram a utilizar os termos "rios" e "lagos" (art. 21, II, da CF/1934; art. 37, "b", da CF/1937; art. 35 da CF/1946; art. 5º da CF/1967; art. 5º da EC 1/1969; art. 5º da EC 16/1980). A CF/1988, em seu art. 26, diz: "Incluem-se entre os bens dos Estados: I – as águas superficiais ou subterrâneas, fluentes, emergentes e em depósito, ressalvadas, neste caso, na forma da lei, as decorrentes de obras da União".

A redação ampla do art. 26, I, da CF/1988 alarga significativamente o domínio dos recursos hídricos estaduais. A União conservou o que já vinha tendo por força das anteriores Constituições. Não houve qualquer disposição constitucional expressa no sentido de isentar os Estados do dever de indenizar os proprietários das águas particulares, ou seja, "as nascentes e todas as águas situadas em terrenos que também o sejam, quando não estiverem classificadas entre as águas comuns de todos, as águas públicas ou as águas comuns" (art. 8º do Decreto 24.643/1934 – Código das Águas).

Cid Tomanik Pompeu afirma que "desaparecem, sem qualquer vantagem prática, as águas comuns, as particulares e as municipais (art. 26, I). Resta saber o que o Poder Judiciário decidirá a respeito, tendo em vista a garantia do direito de propriedade, estabelecida no mesmo texto constitucional (art. 5º, XXII)".[10]

---

10. "Recursos hídricos na Constituição de 1988", *RDA* 186/10, outubro-dezembro/1991.

Há razoabilidade em sustentar-se que o "direito adquirido" (art. 5º, XXXVI, da CF) socorre esses proprietários particulares no sentido de obterem indenizações dos Estados quando estes pretenderem o domínio das águas referidas no art. 8º do Código das Águas.[11] Não se pode simplesmente tentar introduzir no regime jurídico das nascentes privadas o sistema da outorga e da cobrança do uso desse recurso específico pelo viés da "função social" da propriedade (art. 5º, XXIII, da CF/1988). Houve um inegável esvaziamento do direito de propriedade (art. 5º, XXII, da CF/1988), que acarreta nesse caso a obrigação de indenizar ou de não cobrar a água utilizada.

1.1.4 Águas pluviais, domínio público e Código das Águas

Passaremos a transcrever as normas do Decreto 24.643/1934 – Código das Águas – sobre águas pluviais.

"Art. 102. Consideram-se águas pluviais as que procedem imediatamente das chuvas."

"Art. 103. As águas pluviais pertencem ao dono do prédio onde caírem diretamente, podendo o mesmo dispor delas à vontade, salvo existindo direito em contrário. Parágrafo único. Ao dono do prédio, porém, não é permitido: I – desperdiçar essas águas em prejuízo dos outros prédios que delas se possam aproveitar, sob pena de indenização aos proprietários dos mesmos; II – desviar essas águas de seu curso natural para lhes dar outro, sem consentimento expresso dos donos dos prédios que irão recebê-las."

"Art. 104. Transpondo o limite do prédio em que caírem, abandonadas pelo proprietário do mesmo, as águas pluviais, no que lhes for aplicável, ficam sujeitas às regras ditadas para as águas comuns e para as águas públicas."

"Art. 106. É imprescritível o direito de uso das águas."

"Art. 107. São de domínio público de uso comum as águas pluviais que caírem em lugares ou terrenos públicos de uso comum."

"Art. 108. A todos é lícito apanhar estas águas. Parágrafo único. Não se poderão, porém, construir nestes lugares ou terrenos, reservatórios para o aproveitamento das mesmas águas sem licença da Administração."

---

11. Em sentido contrário, Fernando Quadros da Silva, "A gestão dos recursos hídricos após a Lei 9.433, de 8.1.1997", in Vladimir Passos de Freitas (org.), *Direito Ambiental em Evolução*, Curitiba, Juruá, 1998.

A Lei 9.433/1997 não tratou explicitamente das águas pluviais como tratou das águas subterrâneas.

O Código das Águas divide equilibradamente o direito de propriedade das águas pluviais, conforme o lugar em que essas caírem e conforme o curso que a natureza ditar para essas águas. Se as águas das chuvas caírem em um terreno privado, ao seu proprietário inicialmente pertencerão. Se caírem em terrenos ou lugares públicos, todos poderão ir apanhar as águas pluviais. Essa apropriação será feita gratuitamente e segundo as necessidades, tanto do proprietário privado como de qualquer do povo. No caso das águas pluviais caídas em terreno privado, o proprietário deste não poderá desperdiçar essas águas, nem desviá-las de seu curso natural. As águas das chuvas têm ligação com as águas superficiais e subterrâneas, mas seu regime jurídico não está necessariamente escravizado ao regime daquelas.

A Lei 9.433/1997 não modificou as sábias regras de 1934. Essas regras estimulam os proprietários privados a captar as águas das chuvas para as suas necessidades básicas. Não se trata de impermeabilizar toda a propriedade para transformá-la num reservatório pluvial, impedindo-se totalmente a infiltração ou a percolação das águas. Possibilita-se àqueles que não são proprietários privados (ou que tenham propriedades de pequena extensão) dirigirem-se livremente às praças, espaços livres ou outros espaços públicos para coletar as águas procedentes das chuvas. Segue-se o direito natural, valoriza-se a economia doméstica e observa-se a solidariedade nos lugares áridos.

1.2 Direito à água – Direito humano fundamental

1.2.1 Introdução

O direito humano fundamental é aquele que a pessoa tem não pelo seu merecimento ou pelo seu esforço, mas é o direito que entra em seu patrimônio simplesmente pelo fato de seu nascimento. Não importa onde nasça e como tenha nascido, de quem seja filho ou filha, não se levando em conta para o exercício do direito humano a nacionalidade, a etnia e o sexo.

Só recentemente o papel central da água tem tido uma reflexão global com relação à inadequação da disponibilidade e do acesso à água como um fenômeno sério e ameaçador.[12]

---

12. "Acqua, elemento essenciale per la vita (Nota preparata dal Pontificio Conziglio della Giustizia e della Pace, Forum Mondiale Sull'Acqua, Istambul/2009)", *Osservatore Romano* de 15.3.2009.

Afirma-se hoje que o direito humano fundamental reconhece e valoriza a dignidade da pessoa humana. Chegaremos a uma época, em que haveremos de afirmar que tudo o que tem vida tem dignidade, ainda que não seja sujeito de direito, mas necessite dos seres humanos para defenderem seus direitos.

A Convenção sobre o Direito Relativo à Utilização dos Cursos de Água Internacionais para Fins Diversos dos da Navegação (Nações Unidas/1997) prevê no art. 10, 2: "O conflito entre os vários usos de um curso de água internacional será resolvido com base nos arts. 5º a 7º, *tendo-se em conta a satisfação das necessidades humanas vitais*".

O direito a usar a água dos cursos de água para seu consumo pessoal faz parte inseparável do direito à vida, pois quem não ingere esse líquido apressa sua própria morte. A água para a "satisfação das necessidades vitais" de cada pessoa no planeta é aquela que inicialmente está nos rios, nas chuvas, no subsolo. O direito de acesso à água não pretende, e nem deve pretender, a legitimação de grupos privados ou até de instituições públicas para invadir países ou propriedades para a obtenção de água. Procura-se a positivação de um direito natural para que ninguém – pessoa física ou jurídica de direito público ou privado – fique indiferente à situação de carência vital da água.

1.2.2 Efetivação do direito à água

A Conferência de Berlim/2004, em seu art. 17, afirma: "Cada indivíduo tem o direito de acesso à água, de forma suficiente, segura, aceitável, fisicamente acessível e oferecida, para alcançar as necessidades humanas vitais do indivíduo".[13]

As necessidades humanas vitais do indivíduo relativas à água são compostas de várias partes, onde todas elas têm importância, mas que, em caso de seu racionamento, essas partes poderão ser apresentadas hierarquicamente. A primeira das necessidades é a água como bebida; em segundo lugar, a água utilizada na preparação da alimentação humana e em terceiro lugar, a água como meio de higiene pessoal.

O ser humano está vinculado à água de forma indissolúvel, pois ele não pode passar mais de quatro dias sem líquido.[14] A água faz parte do direito à vida e, portanto, negar a água a uma pessoa, ou dificultar-lhe

---

13. V. <www.ila-hq.org/pdf/Water Resources/Final Report 2004.pdf>, acesso em 24.6.2007 (minha a tradução).
14. V. <www.spge.be/xml/doc-IDC-1297-.html>.

o acesso ou não colaborar na sua obtenção é condenar essa pessoa à morte.[15]

O "Pacto Internacional Relativo aos Direitos Econômicos, Sociais e Culturais" reconhece, na primeira frase do art. 11, "o direito de cada pessoa a um nível de vida suficiente para ela e para sua família, compreendida alimentação, vestimenta e habitação suficientes, como uma melhoria constante nas suas condições de vida". Expressamente aí não está mencionado o direito à água, mas é preciso ressaltar que o direito humano à água é indispensável para levar a vida com dignidade humana. É um pré-requisito para a realização de outros direitos humanos. O art. 11, § 1º, da Convenção, especifica o número de direitos que dele emanam, sendo indispensável para a realização do direito a um adequado padrão de vida "os alimentos, roupas e habitação convenientes". O direito à água deveria ser visto, também, em conjunto com outros direitos consagrados na Carta de Direitos Humanos, dentre eles, o direito à vida e à dignidade humana.[16]

O acesso à água não é algo utópico, nem é um sonho da descoberta de um oásis, mas depende da água existente e do número de pessoas que dela necessitam: hidrologia e demografia precisam ser conjugadas.

O acesso individual à água merece ser entendido como um direito humano universal, significando que qualquer pessoa, em qualquer lugar do planeta, pode captar, usar ou apropriar-se da água para o fim específico de sobreviver, isto é, de não morrer pela falta da água, e, ao mesmo tempo, fruir do direito à vida e do equilíbrio ecológico. A noção do direito de acesso à água não requer que nele se insira, necessariamente, a gratuidade ou o pagamento da água consumida. Quem puder pagar a água, por ela pagará; mas a quem não puder pagá-la, não se pode permitir que se lhe negue o acesso à água para as necessidades vitais, ou seja o acesso à "água vital".

1.2.3 Direito de acesso à água potável

O Protocolo sobre Água e Saúde (Londres/1999) enfatiza como princípio que "um acesso equitativo à água, adequado do ponto de vista tanto quantitativo como qualitativo, deverá ser assegurado a todos os

---

15. Paulo Affonso Leme Machado, *Recursos Hídricos: direito brasileiro e internacional*, São Paulo, Malheiros Editores, 2002, p. 3.
16. V. <www.unhchr.ch/html/menu2/6/gc15.doc>, acesso em 27.6.2007 (minha tradução).

habitantes, especialmente às pessoas desfavorecidas ou socialmente excluídas" (art. 5º, 1).[17]

"O conteúdo do direito humano à água tem sido definido, de modo geral, como o direito de acesso à água suficientemente limpa e em quantidades suficientes para satisfazer às necessidades individuais. No mínimo, a quantidade deve ser suficiente para satisfazer às necessidades humanas em termos de bebida, de higiene, de limpeza, de cozinha e de saneamento."[18]

O acesso à água "segura", como proclama a Conferência de Berlim/2004, é praticamente a introdução do direito à água potável. A universalização do direito de acesso dependerá mais da observância de determinados direitos humanos num país, do que da sua situação econômica. O exercício do direito de acesso à água fica condicionado à acessibilidade física da água. Para os ribeirinhos dos cursos de água fica facilitado o acesso à água. Contudo, para aqueles que não sejam proprietários ou posseiros de imóveis limítrofes aos cursos de água, ou neles residentes, é preciso que se assegure também o acesso à água, através de uma servidão de passagem.

1.2.4 A ONU, o direito à água potável e a diplomacia brasileira

É de alta relevância ter a Assembleia Geral das Nações Unidas, pela Resolução 64/292, de 28.7.2010,[19] reconhecido o direito à água como um direito fundamental, com a seguinte redação: "Reconhece que o direito à água potável e ao saneamento é um direito humano essencial para o pleno aproveitamento da vida e de todos os direitos humanos".[20]

A representante diplomática do Brasil nas Nações Unidas manifestou-se na aludida sessão plenária dizendo que o direito à água e ao saneamento estão intrinsecamente ligados aos direitos à vida, à saúde, à alimentação e à moradia adequada. Acentuou que é responsabilidade

17. Protocolo sobre água e saúde relativo à Convenção de 1992 sobre a proteção e a utilização dos cursos de águas transfronteiriços e de lagos internacionais, adotado em 17.6.1999, na 3ª Conferência Ministerial sobre Meio Ambiente e Saúde.
18. Texte préparé pour la *Journée Mondiale de l'Eau*, rédigé par Margret Vidar et Mohamed Ali Mekouar, Bureau Juridique, Organisation des Nations Unies pour l'Alimentation et l'Agriculture (FAO).
19. 108ª sessão plenária. Houve 122 votos favoráveis e 41 abstenções (v. <www.un.org/News/Press/docs/2010/ga10967.doc.htm>, acesso em 7.10.2013).
20. Minha tradução.

dos Estados garantir esses direitos a todos os cidadãos, e o Brasil tem atuado, dentro e fora de suas fronteiras, para promover o acesso à água e ao saneamento, especialmente em comunidades de baixa renda. Lembrou a representante diplomática brasileira que os organismos de direitos humanos estão sediados em Genebra e que a sede das Nações Unidas não era o melhor fórum para a mencionada discussão. Entretanto, o Brasil votaria a favor do texto.[21]

É imprescindível a inserção no quadro do direito positivo brasileiro do direito fundamental de acesso à água, para que esse direito seja implementado com a devida dimensão, sem resistência, sem conflitos e sem interpretações dúbias ou restritivas.

*1.3 A água como um bem
de valor econômico*

A água é um recurso natural limitado e não ilimitado, como se raciocinou anteriormente no mundo e no Brasil.

A água passa a ser mensurada dentro dos valores da economia. Isso não pode e nem deve levar a condutas que permitam que alguém, através do pagamento de um preço, possa usar a água a seu bel-prazer. A valorização econômica da água deve levar em conta o preço da conservação, da recuperação e da melhor distribuição desse bem.

Maria Luíza Machado Granziera salienta que a aplicação do princípio "aumenta o leque de possibilidades do Governo para salvaguardar mananciais a custo tolerável para as populações carentes não atendidas. A adesão a esse princípio deve, entretanto, ser acompanhada por um compromisso público transparente de uma locação equitativa dos mananciais disponíveis".[22]

Nesse sentido, a "cobrança pelo uso dos recursos hídricos objetiva reconhecer a água como um bem econômico e dar ao usuário uma indicação de seu real valor" (art. 19, I, da Lei 9.433/1997). Acentue-se que a água necessária para as necessidades básicas de cada pessoa, em que cada um vá diretamente abastecer-se, é uma captação insignificante do ponto de vista econômico, e, portanto, gratuita, consoante a interpretação dos arts. 20 e 12, § 1º, I e II, da Lei 9.433/1997.

21. V. <www.un.org/News/Press/docs/2010/ga10967.doc.htm>, acesso em 7.10.2013 (minha tradução).
22. *Direito de Águas e Meio Ambiente*, São Paulo, Ícone Editora, 1993.

1.4 A escassez de água, a linha de prioridade e a possibilidade de suspensão da outorga

Na falta de água ou na sua escassez há regras legais para a sua distribuição e para o acesso à água. Na parte dos "fundamentos" da Política Nacional de Recursos Hídricos consta: "em situações de escassez, o uso prioritário dos recursos hídricos é o consumo humano e a dessedentação de animais" (art. 1º, III, da Lei 9.433/1997). "A outorga de direito de uso de recursos hídricos poderá ser suspensa parcial ou totalmente, em definitivo ou por prazo determinado, nas seguintes circunstâncias: (...) III – necessidade premente de água para atender a situações de calamidade, inclusive as decorrentes de condições climáticas adversas" (art. 15, III, da Lei 9.433/1997).

1.4.1 Escassez de água, a prioridade do consumo humano e dessedentação dos animais

A situação de escassez de água é manifestada pelo "desequilíbrio na disponibilidade de água devido à sobre-exploração de aquíferos e das águas superficiais, inadequada exploração dos reservatórios, degradação da qualidade de água e uso da terra inapropriado resultando a redução da capacidade de suporte do ecossistema".[23] É de ser diferenciada a *necessidade de água e a demanda de água*. A noção de necessidade faz referência a uma quantidade mínima necessária para satisfazer um objetivo. As necessidades básicas compreendem água potável, água para a preparação de alimentos, higiene e serviços sanitários e podem chegar a ser avaliadas em 50/litros por pessoa e por dia (Glick, 2003), ou 100 litros por pessoa e por dia, segundo Falkenmark e Widstrand (1992). A demanda é um termo relativo à quantidade de água solicitada por um setor de utilização, em relação com a água, para produzir bens e serviços.[24]

Uma das normas jurídicas a serem apontadas para ordenar a distribuição é o uso prioritário para o consumo humano. Não é preciso se chegar à falta total de água para invocar-se a prioridade dos seres humanos para o seu consumo. *Prioridade* é assegurar a preferência, mas não significa que os outros usuários (agricultura, indústria e comércio, por exemplo)

---

23. L. Santos Pereira, "Uso sustentável da água e convivência com a escassez: revisitando conceitos e indicadores", *Ingeneria del Agua*, vol. 14, n. 3, set./2007.

24. Axelle Kaya, "La caractérisation de la pénurie en eau", <http://mem-envi.ulb.ac.be/Memoires_en_pdf/MFE_12_13/MFE_Kaya_12_13.pdf>, acesso em 9.5.2015 (minha tradução).

situados em lugares inferiores na escala de acesso à água, devam ser privados totalmente desse bem. Não é possível legalmente continuar a conceder-se a mesma quantidade de água para a agricultura e indústria, impondo-se restrições de uso hídrico somente no consumo doméstico, pois essa hipótese deixa de respeitar a prioridade do consumo humano na situação de carência de água. No consumo humano estará compreendido somente o uso para as necessidades mínimas de cada pessoa, isto é, água para beber, para comer e para a higiene. Não está incluído o uso para o lazer, como piscinas, e nem para a jardinagem.

A Lei de Política Nacional de Recursos Hídricos aponta um segundo lugar na destinação das águas em situação de escassez, a dessedentação de animais. Ainda que a lei não entre em detalhes de como deve ser implantada a priorização da destinação da água para o consumo dos animais, parece-me razoável entender-se que a lei não está dando um incentivo para a continuidade da criação industrial de animais (aviários e similares, por exemplo). São protegidos os animais existentes, tentando-se evitar que morram de sede. Não há prioridade para utilização de água para o abate e o processo de comercialização destes animais. É possível, até, questionar-se pelo fato de o legislador não ter estendido a prioridade no uso da água escassa para o cultivo de hortaliças no âmbito familiar. É de se apontar a proteção das espécies animais e vegetais, se houver risco de extinção das mesmas (art. 225, § 1º, da CF).

Além da prioridade do consumo humano, esse recurso deve ser distribuído com equidade.[25] Cada ser humano deve ter o mínimo necessário para a sua sobrevivência, isto é, para a "satisfação de suas necessidades vitais". Dentre os seres humanos destinatários da água, com prioridade, surgem especiais situações de vulnerabilidade – os doentes, os idosos e as crianças – em que se há de reconhecer especial preferência.

1.4.2 Suspensão da outorga do direito de uso em razão de situação de calamidade ou de condição climática adversa

O art. 15, no inciso comentado, coloca a seca como uma situação de possível calamidade. "Embora a causa primária das secas resida na

---

25. A Lei 13.312/2016 "torna obrigatória a medição individualizada do consumo hídrico nas novas edificações condominiais" (art. 1º). "As novas edificações condominiais adotarão padrões de sustentabilidade ambiental que incluam, entre outros procedimentos, a medição individualizada do consumo hídrico por unidade imobiliária" (art. 2º da referida Lei, acrescentando o § 3º ao art. 29 da Lei 11.445/2007).

insuficiência ou irregularidade das precipitações pluviais, existe uma sequência de causas e efeitos que resulta em vários e diferentes tipos de secas. Os efeitos mais graves das secas decorrem de um descompasso momentâneo entre a oferta de água (provida irregularmente pela natureza) e as necessidades para uma determinada atividade, geradas pela sociedade".[26]

A "necessidade premente de água para atender a situações de calamidade, inclusive as decorrentes de condições climáticas adversas" pode levar à suspensão da outorga de direito de usos dos recursos hídricos. Não é preciso que a situação de seca – que é uma calamidade pública (art. 21, XVIII, da CF) esteja constatada, para que haja modificação na outorga do direito de uso das águas. Basta que haja condições climáticas adversas, que possam causar a escassez hídrica.

O procedimento de suspensão, parcial ou total, de uma outorga do direito de uso deve ter como fundamento a prioridade do consumo humano, como já se enfatizou. Portanto, o art. 15, III, vai viabilizar a execução do princípio fundamental do art. 1º, III, ambos da Lei 9.433/1997. Esse procedimento de suspensão da outorga há de ser regido pelos princípios do art. 37, *caput*, da Constituição, em que a publicidade deverá mostrar que houve equidade e razoabilidade nas medidas de racionamento ou gestão da escassez hídrica, afastando-se situações de favoritismo de quaisquer usuários. Evita-se qualquer discricionariedade do órgão público, devendo o mesmo agir de forma vinculada ao princípio apontado no referido art. 1º, III. Não agindo a Administração Pública, incumbirá ao Poder Judiciário agir, através de ação judicial.

1.4.3 Análise da Lei de Saneamento Básico frente à Lei de Política Nacional de Recursos Hídricos

Dispõe o art. 46 da Lei de Saneamento Básico – Lei 11.445/2007: "Em situação crítica de escassez ou contaminação de recursos que obrigue à adoção de racionamento, declarada pela autoridade gestora de

---

26. O cenário desejável quanto à seca hidrológica e dentro dos limites da natureza é entendido como aquele em que as crises na oferta d'água só ocorrem em limites planejados e aceitos pela sociedade, e para os quais esta esteja convenientemente preparada. Para que se atinja esse futuro é necessário que haja: 1) mudanças culturais nos hábitos das pessoas, pois todos devem ter a convicção de que a água é um bem econômico a ser preservado e protegido; 2) um elevado grau de conhecimento da hidrologia regional, para permitir melhor planejamento do uso das águas e a antevisão das crises, para que a sociedade se prepare para enfrentá-las (José Nilson Bezerra Campos, "Vulnerabilidades Hidrológicas do Semiárido às Secas", *Planejamento e Políticas Públicas* 16, dez./1997).

recursos hídricos, o ente regulador poderá adotar mecanismos tarifários de contingência, com o objetivo de cobrir custos adicionais, garantindo o equilíbrio financeiro da prestação de serviço e a gestão da demanda". Temos que separar duas fases na intervenção, direta ou indireta, do Poder Público: uma é a declaração de *situação crítica*, declarada pela autoridade gestora de recursos hídricos, e outra fase é a adoção de *mecanismos tarifários de contingência* pelo ente regulador da atividade prestadora do serviço público de saneamento (seja um órgão que trate do abastecimento de água potável e do esgotamento sanitário de forma conjunta ou até órgãos que os tratem de forma separada). A prioridade do consumo humano e da dessedentação de animais em situação de escassez não deve, nem pode, ser invalidada pela adoção de medidas tarifárias de contingência. A integração das duas leis – de Política Nacional de Recursos Hídricos e a de Saneamento Básico – deve levar somente à cobertura dos custos adicionais decorrentes do racionamento, garantindo o equilíbrio financeiro da prestação do serviço público e a gestão da demanda. Se os "mecanismos tarifários de contingência" invalidarem ou enfraquecerem o uso prioritário das águas, a adoção desses mecanismos estará violando a Constituição Federal, que garante o direito à vida (art. 5º) e o direito de todos ao meio ambiente ecologicamente equilibrado e essencial à sadia qualidade de vida (art. 225), como, também, invadindo área alheia à sua competência, pois "os recursos hídricos não integram os serviços públicos de saneamento básico".

1.5 Uso múltiplo das águas

O uso múltiplo das águas deve ser procurado através do Plano de Recursos Hídricos, quando for abordar as "prioridades para outorga de direitos de uso de recursos hídricos" (art. 7º, VIII, da Lei 9.433/1997).

A multiplicidade dos usos é imensa e não está enumerada na sua totalidade pela Lei 9.433/1997. Entre os usos mencionados no texto legal temos: o consumo humano, a dessedentação dos animais, o abastecimento público, o lançamento de esgotos e demais resíduos líquidos ou gasosos, com o fim de sua diluição, transporte ou disposição final; o aproveitamento dos potenciais hidrelétricos; o transporte aquaviário. Acrescentem-se outros usos: irrigação, esportes ou lazer, piscicultura.

Há vedação legal de ser privilegiado um uso ou somente alguns usos. O estudo da viabilidade ecológica da outorga de vários e concomitantes direitos de uso é matéria imperativa em face do art. 1º, IV, e diante do art. 13, parágrafo único, que afirma: "A outorga de uso dos recursos hídricos deverá preservar o uso múltiplo destes". Ao Poder Público está explicitamente proibida a outorga de direito de uso que somente possibilite um único uso das águas. Portanto, devem ser anulados, administrativa ou judicialmente, atos de outorga de direito de uso e plano de recursos hídricos que ofendam essas normas legais.

Com justeza, ao tratar da integração de estratégias, diz o saudoso Professor espanhol Ramón Martín Mateo: "Exigir-se-á por uma parte a atuação sobre massas de água que constituam um sistema comum e, por outra parte, uma regulamentação de abastecimentos, que permita simultâneas ou sucessivas utilizações, descartando em princípio, salvo exceções, a exclusividade e o respeito de direitos prioritários dos concessionários individuais, ainda que estes venham fundamentados em velhos e sólidos critérios normativos".[27]

1.6 A bacia hidrográfica

1.6.1 A implementação da Política de Recursos Hídricos e a atuação do Sistema Nacional de Gerenciamento de Recursos Hídricos

As águas, no Brasil, ou são de domínio da União ou são de domínio dos Estados (arts. 20 e 26 da CF). Entretanto, a implementação da política nacional e estadual dos recursos hídricos não será embasada nos limites da União ou dos Estados. A aplicação do quadro normativo hídrico terá como unidade territorial a "bacia hidrográfica", como aponta o art. 1º, V, da Lei 9.433/1997.

Vemos pelo art. 37 da Lei 9.433/1997 que a bacia hidrográfica abrange cursos de água, que são catalogados como "principal" e/ou "tributário". A "bacia hidrográfica", ao abranger os cursos de água, não está necessariamente abrangendo os aquíferos, ou seja, a "bacia hidrogeológica".

A Lei 9.433/1997 não definiu "bacia hidrográfica". A implementação da administração dos recursos hídricos através das "bacias hidrográficas" encontra uma séria dificuldade no duplo domínio das águas. Por exemplo, se o curso de água principal for federal e os cursos de água tributários forem estaduais, quem administrará a bacia hidrográfica, inclusive efetuando a outorga dos recursos hídricos? A União ou os Estados? O futuro vai dizer se a ideia dessa nova administração hídrica ficou só no terreno da imaginação ou se uma nova descentralização pode ser realizada, com a alteração constitucional da partilha das águas entre União e Estados, para que estas sejam realmente geridas pelos novos organismos hídricos.

27. *Tratado de Derecho Ambiental*, t. II, Madri, Editorial Trivium, 1992.

A "bacia hidrográfica" é definida por glossários científicos como a "área de drenagem de um curso de água ou lago".[28] O *Dicionário de Direito Ambiental* afirma que a bacia hidrográfica é uma "área definida topograficamente, drenada por um curso d'água ou um sistema conectado de cursos d'água, de forma que toda vazão efluente seja descarregada através duma saída única".[29]

A "bacia hidrogeológica" é a unidade fisiográfica ou geológica que contém pelo menos um aquífero de extensão significativa.[30]

Antes da Lei 9.433/1997, a Lei de Política Agrícola – Lei 8.171/1991 –, em seu art. 20, já dispusera preceito que continua em vigor: "As bacias hidrográficas constituem-se em unidades básicas de planejamento do uso, da conservação e da recuperação dos recursos naturais".

O art. 37 da Lei 9.433/1997 afirma: "Os Comitês de Bacia Hidrográfica terão como área de atuação: I – a totalidade de uma bacia hidrográfica; II – sub-bacia hidrográfica de tributário do curso de água principal da bacia, ou de tributário desse tributário; ou III – grupo de bacias ou sub-bacias hidrográficas contíguas". A implementação dessas diretrizes, através dos Comitês de Bacia Hidrográfica, é que vai tornar efetiva a ideia da "bacia hidrográfica" como unidade territorial básica para efetivação da Política Nacional de Recursos Hídricos.

Os Comitês de Bacia Hidrográfica irão atuar abrangendo uma bacia hidrográfica, um grupo de bacias hidrográficas contíguas ou através de um conjunto misto – bacia do curso de água principal e duas sub-bacias hidrográficas. De acordo com o citado art. 37, II, há uma limitação a duas sub-bacias hidrográficas: a primeira sub-bacia – a do "tributário do curso de água principal da bacia" e a segunda sub-bacia constituída pelo "tributário desse tributário". Assim, não importando a magnitude das relações existentes entre tributários e curso de água principal, a lei limitou a criação das sub-bacias. O Professor de Geografia Antônio Teixeira Guerra afirma que a "bacia hidrográfica pode ser principal, secundária e mesmo terciária, segundo certos autores, quando constituída de cursos d'água de menor importância".[31]

---

28. *Glossário de Termos Hidrogeológicos* e *Glossário de Termos Usuais em Ecologia*, cits.; v. tb. Antônio Eduardo Leão Lanna, *Gerenciamento de Bacia Hidrográfica – Aspectos Conceituais e Metodológicos*, Brasília, IBAMA, 1995.

29. Maria G. Krieger, *et al.*, *Dicionário de Direito Ambiental*, Rio de Janeiro, Lexikon, p. 41.

30. *Glossário de Termos Hidrológicos*, cit., e *Glossário de Termos Usuais em Ecologia*, cit.

31. *Dicionário Geológico-Geomorfológico*, 6ª ed., Rio de Janeiro, IBGE, 1980.

"A popularidade do conceito de bacia hidrográfica liga-se, sem dúvida, a seu objetivo aglutinador, a gestão integrada da água por bacia, tendo por finalidade a proteção e a restauração do recurso hídrico, dos ecossistemas que lhe são associados, como também os usos da bacia para o bem-estar dos cidadãos". "Os objetivos para os quais uma bacia é gerenciada dependem do meio ambiente físico e socioeconômico da referida bacia. Por consequência, a gestão integrada das águas dá lugar, às vezes, a um processo de tomada de decisão complexa e a uma arbitragem difícil."[32]

Faltando na lei um glossário de termos técnicos (existente em leis de outros Países), encontramo-nos sem uma conceituação de "curso de água principal da bacia". Um curso de água pode ser principal somente considerando-se a microrregião onde ele e seus tributários se encontrem. Ao contrário, se for entendido que curso principal é aquele curso de água que chega até a foz (seja num lago ou no mar), muda-se a interpretação. Na área científica apontam-se pelo menos cinco critérios para a determinação do rio principal, sendo que citaremos um deles – "em cada bifurcação, a partir da desembocadura, optar pelo ligamento de maior magnitude. É um critério prático, em vista do funcionamento hidrológico da bacia".[33] Essa questão tem sua importância diante de rios nacionais que vão desaguar em outros rios situados noutros Países, chamados "rios transfronteiriços" (art. 39, § 2º, da Lei 9.433/1997).

"O conceito de bacia hidrográfica foi ampliado levando em conta os elementos que não haviam recebido muita, ou nenhuma, consideração quando a bacia hidrográfica era considerada somente como uma unidade para desenvolvimento de recursos. A atenção legal começou a focar nas águas subterrâneas, nos possíveis efeitos de uma mudança climática e na restauração dos ecossistemas aquáticos danificados pela intervenção humana no ciclo hidrológico". "As preocupações ambientais – especialmente o conceito de preservação e restauro do *habitat* – têm dado um novo enfoque para a bacia hidrográfica e enfatizou a sua verdadeira natureza".[34]

A bacia hidrográfica é a unidade territorial em que a gestão normal das águas deve ocorrer. As águas de uma bacia devem beneficiar prioritariamente os que moram, vivem e trabalham nessa unidade territorial. Não se fecham as portas para a colaboração hídrica com os que estão

---

32. Georges Gangbazo, *Gestion intégrée de l'eau par bassin versant: concepts et application*, Quebec, Direction des Politiques de l'Eau, Ministère de l'Environnement, 2004.
33. Pantoja Filizola Júnior, "Conceitos básicos para a classificação de cursos d'água", *A Água em Revista* 5, Ano III, Cia. de Pesquisa de Recursos Minerais, agosto/1995.
34. Ludwik A. Teclaff, "Evolution of the river basin concept in National and International Water Law", *Natural Resources Journal*, vol. 36, pp. 359-391, Primavera/1996 (minha tradução).

fora da bacia, tanto que não se vedou que bacias hidrográficas contíguas pudessem unir-se e integrar um mesmo Comitê de Bacia Hidrográfica.

Sendo a bacia hidrográfica a estrada natural das águas, a solidariedade se pratica primeiramente no interior da bacia, para depois transbordar para fora. Contraria a ordem natural das coisas provocar a sede ou penúria de água no interior de uma bacia hidrográfica para derivá-la ou transpô-la para outras regiões. Seria uma autoflagelação, que a ética não preconiza, pois se ama o próximo amando-se também a si mesmo.

As solicitações de derivação e transposição de águas devem ser apreciadas no Plano de Recursos Hídricos da Bacia Hidrográfica (art. 8º da Lei 9.433/1997) e no Estudo Prévio de Impacto Ambiental-EPIA (art. 225, § 1º, IV, da CF e Resolução CONAMA-001/1986, art. 2º, VII).

1.6.2 A Bacia Hidrográfica do Rio Apa e o Direito Internacional Ambiental

O Brasil e o Paraguai celebraram um Acordo de Cooperação promulgado pelo Decreto 7.170, de 6.5.2010.[35] O Acordo compreende a Bacia Hidrográfica do Rio Apa[36] e suas áreas de influência direta e ponderável que, caso necessário, serão determinadas de comum acordo pelas Partes. O Acordo houvera sido firmado em Brasília, em 11.9.2006 e ratificado pelo Congresso Nacional, através do Decreto Legislativo 601, de 2.9.2009.

Destaco quatro elementos marcantes do Acordo:

a) Os fins do Acordo: cooperação para o desenvolvimento sustentável e para a gestão integrada do Rio Apa, visando "desenvolver e implementar medidas conjuntas em relação aos aspectos normativos e técnicos para a gestão das águas e demais recursos naturais superficiais e subterrâneos em bacias hidrográficas de rios transfronteiriços".

b) Afirma "a responsabilidade quanto à conservação do meio ambiente para as gerações futuras" – uma das facetas do desenvolvimento sustentável.

c) O "Acordo compreende a Bacia Hidrográfica do Rio Apa e suas áreas de influência direta e ponderável que, caso necessário, serão deter-

---

35. *DOU* 7.5.2010.

36. A bacia do rio Apa constitui-se numa área de fronteira entre o Brasil e o Paraguai, o que compreende o Estado de Mato Grosso do Sul, no Brasil, e os Departamentos de Amambay e Concepción, no Paraguai. Em território brasileiro a bacia abrange 12.000km². Os Municípios brasileiros integrantes da bacia são: Ponta Porã, Antônio João, Bela Vista, Bonito, Caracol, Porto Murtinho e Jardim. No Paraguai a bacia abrange os Municípios de Bella Vista, Concepción, Pedro Juan Caballero, San Carlos e San Lázaro (<www.ANA.gov.br/gefap/arquivos/RE_13.pdf>, consulta em 30.11.2010).

minadas de comum acordo pelas Partes" (art. III do Acordo). Como se disse no item 1.4.1, havia ausência legal de definição da bacia hidrográfica e, com este documento internacional mostra-se que compõem a bacia hidrográfica não só os cursos de água, mas as áreas "de influência direta e ponderável". Evidentemente com esse conceito não se avança demasiada ou inadequadamente na parte terrestre dos dois Países, mas se reconhece a existência dos elementos água, terra e ar de uma bacia hidrográfica, e, no caso concreto, de um rio transfronteiriço. A delimitação das áreas de influência poderá ser feita através da ação harmônica dos dois Países. No Estatuto da Comissão Mista "Brasileiro-Paraguaia", também no art. III, foi dada uma nova redação às áreas de influências, constando "áreas contíguas de influência direta e ponderável", inserindo-se a necessidade de que a área, além de ter influência sobre o curso de água, deva ser próxima, vizinha ou adjacente.

d) Essa Comissão Mista tem competência para "realizar visitas técnicas e operações conjuntas de monitoramento, em conformidade com as leis e regulamentos da Parte em cujo território se realizem essas atividades" (art. X, "h"). A possibilidade de fiscalização[37] conjunta é imprescindível para o êxito de uma gestão integrada de um rio transfronteiriço, pois, caso contrário, o Acordo seria inócuo e um amontoamento de boas intenções, sem instrumentos de implementação.

1.7 Gestão descentralizada e participativa dos recursos hídricos

"A gestão dos recursos hídricos deve ser descentralizada e contar com a participação do Poder Público, dos usuários e das comunidades" (art. 1º, VI, da Lei 9.433/1997).

A gestão poderá ser totalmente pública ou mista (pública e privada), dependendo da escolha da União, dos Estados, dos Municípios, dos usuários e das organizações cívicas. A gestão dos recursos hídricos, entretanto, não poderá ser totalmente privada, pois os Poderes Públicos Federal e dos Estados, conforme for o domínio desses recursos, deverão exercer o controle dos usos das águas através da outorga dos direitos de uso (arts. 11, 29, II, e 30, I, todos da Lei 9.433/1997).

---

37. Oportuno citar a Corte Internacional de Justiça (Caso Usina de Papel e Celulose – Argentina contra Uruguai, § 205 da Decisão de 22.4.2010), que decidiu afirmando: "Uma vez que as operações tenham começado, uma fiscalização contínua sobre os efeitos do referido projeto sobre o meio ambiente deverá ser executada, prosseguindo-se, conforme a necessidade, durante toda a vida do projeto" (minha tradução).

Não é de ser confundida a gestão das águas com a competência para legislar sobre as águas. A descentralização recomendada e instaurada pela Lei 9.433/1997 foi no domínio da gestão, pois a competência para legislar sobre as águas é matéria concernente à Constituição Federal e continua centralizada nas mãos da União, conforme o art. 22, IV. Lei complementar poderá autorizar os Estados a legislar sobre águas (art. 22, parágrafo único, da CF), sendo que até agora não existe tal lei.

A lei comentada prevê organismos em quatro níveis, tendo na base as "Agências de Água" e os "Comitês de Bacia Hidrográfica" e no ápice o Conselho Nacional de Recursos Hídricos. Descentralizar vai significar que nem o Conselho Nacional e nem os Conselhos de Recursos Hídricos dos Estados e do Distrito Federal vão eles mesmos diretamente administrar as águas. A gestão ou a administração das águas deve ficar com as bases mencionadas. Essa descentralização deve ser efetivada não em termos usuais, mas com a transferência de atribuições ou poderes tradicionais da União e dos Estados para os novos órgãos hídricos. Além disso, a descentralização deixará de ser verbal ou de propaganda eleitoral se for efetivada a cobrança dos usos da água e aplicação do recurso financeiro pelos próprios organismos de cada bacia ou sub-bacia hidrográfica.

O poder da Agência Nacional de Águas-ANA para arrecadar as receitas vindas da cobrança pelo uso das águas (art. 4º, IX) é uma inovação que deixa dúvidas no cumprimento da política de descentralização da gestão dos recursos hídricos. Para evitar obstáculos à necessária distribuição das receitas hídricas, consta da lei que a aplicação das receitas "será feita" por meio das Agências de Água e só na ausência destas é que esses recursos poderão ir para outras entidades (art. 4º, § 6º). A ANA "manterá registros que permitam correlacionar as receitas com as bacias hidrográficas em que foram geradas" (art. 21, § 1º).

A introdução da gestão participativa do bem público água é inovadora, pois o Poder Público não vai mais ter a maioria de votos nos Comitês da Bacia Hidrográfica (art. 39, § 1º, da Lei 9.433/1997). Para que não se destrua a gestão participativa e nem se torne a mesma ineficaz será preciso que o controle social encontre meios de contínua e organizada informação.

1.8 Transposição de águas

1.8.1 Introdução

Transpor significa "mudar de um lugar para outro; transferir, transportar" (Houaiss). Em matéria de águas, há o termo "derivar", com o sentido de desviar um rio.

A Lei de Política Nacional dos Recursos Hídricos – Lei 9.433 – concebeu a bacia hidrográfica como unidade territorial para a sua implementação e para a atuação do Sistema Nacional de Gerenciamento dos Recursos Hídricos. É na bacia hidrográfica que se aplicam, em primeiro lugar, as normas legais hídricas e é nesse conjunto de cursos de água – curso principal e tributários – e áreas territoriais adjacentes que se pratica a outorga dos direitos de uso dos recursos hídricos.

O uso normal ou ordinário das águas é feito numa determinada bacia hidrográfica, o que não quer dizer que não se possa efetuar a transposição de determinadas quantidades de águas de uma bacia para outra bacia hidrográfica. Antes de autorizar-se uma transposição é indispensável que seja efetuado o Estudo Prévio de Impacto Ambiental, diante da probabilidade de um significativo dano ambiental (art. 225, § 1º, IV, da CF).[38] Além do EPIA, deverá existir o Plano de Recursos Hídricos da Bacia Hidrográfica, da qual a água vai ser retirada ou transposta.

1.8.2 Água disponível
na bacia hidrográfica provedora

Importa equacionar a água disponível na bacia provedora e na bacia recebedora, observando-se a equidade e a razoabilidade. Há de serem estudados os Planos de Recursos Hídricos de ambas as bacias, para se constatarem as demandas hídricas de cada bacia hidrográfica e os planejamentos de desenvolvimento já existentes. Os Planos de Recursos Hídricos devem conter, no mínimo, a análise de alternativas de crescimento demográfico, de evolução de atividades produtivas, de balanço entre as disponibilidades atuais e demandas futuras de recursos hídricos (conforme art. 7º da Lei 9.433). "Os Planos de Recursos Hídricos de Bacias Hidrográficas deverão ser constituídos pelas etapas de diagnóstico, prognóstico e plano de ações, contemplando os recursos hídricos superficiais e subterrâneos e estabelecendo metas de curto, médio e longo prazos e ações para seu alcance, observando o art. 7º da Lei 9.433, de 1997" (Resolução 145/2012, do Conselho Nacional de Recursos Hídricos-CNRH, art. 10).

38. Nesse sentido, decisão judicial com a concessão de medida liminar para a suspensão das obras de captação de água denominada Sistema Produtos São Lourenço para a Região Metropolitana de São Paulo, mediante transposição de águas da Bacia Hidrográfica do Ribeira de Iguape e Litoral Sul até a Bacia Hidrográfica do Alto Tietê. Ação Popular, 13ª Vara da Fazenda Pública, Processo 100333-13.2016, Juíza Maria Gabriella Pavlópoulos Spaolonzi, *DJE* 8.5.2017.

1.8.3 Análise dos usos futuros das águas da bacia hidrográfica provedora

Importa analisar o prognóstico de uso futuro das águas das bacias, em Estados provedores de água, pois ao realizar-se um procedimento de transposição hídrica não se pode eliminar ou enfraquecer a possibilidade de desenvolvimento social e econômico desses Estados provedores. "As utilizações atuais do curso de água são aquelas que já ocorrem. No conceito de utilização de uso potencial do curso de água, encontra-se a possibilidade de usar a água no momento presente, mas, por qualquer motivo, esse uso não é feito. Mais do que o uso futuro do curso de água, o uso potencial tem relação com o curso de água, com sua quantidade e qualidade de águas atuais, águas, que, contudo, não estão sendo utilizadas. O uso potencial não exclui o uso no futuro, mas leva em conta a possibilidade de uso hídrico factível, no presente, mas cujo uso fica postergado".[39]

"A etapa de Prognóstico deverá propor cenários futuros, compatíveis com o horizonte de planejamento, devendo abranger, no mínimo, os seguintes aspectos: "(...); II – proposição de cenário tendencial, com a premissa da permanência das condições demográficas, econômicas e políticas prevalecentes, e de cenários alternativos; III – avaliação das demandas e disponibilidades hídricas dos cenários formulados; (...)" (Resolução CNRH 145/2012, art. 12).

Sem esses levantamentos de dados e estudos do futuro da bacia hidrográfica provedora de águas há o perigo de realizarem-se transposições infundadas, que irão prejudicar concretamente essa bacia, sendo que essa irregularidade procedimental e fática dará ensejo à anulação administrativa e/ou judicial do auto de autorização ou de outorga da transposição. Há de se refletir que as decisões administrativas sobre transposição de águas não são imutáveis, podendo sofrer reavaliação seja para a continuidade, para a alteração ou para a revogação ou anulação das referidas decisões.

1.8.4 Competência do CNRH para deliberar sobre projetos de aproveitamento de recursos hídricos envolvendo vários Estados

É competência do Conselho Nacional de Recursos Hídricos-CNRH "deliberar sobre os projetos de aproveitamento de recursos hídricos

---

39. Paulo Affonso Leme Machado, *Recursos Hídricos – Direito Brasileiro e Internacional*, São Paulo, Malheiros Editores, 2002, p. 142.

cujas repercussões extrapolem o âmbito dos Estados em que serão implantados" (art. 35, III, da Lei 9.433/1997). A competência referida não visa a consultar o CNRH, mas visa a obter desse conselho uma decisão deliberativa de deferimento ou de indeferimento do aproveitamento de recursos hídricos envolvendo dois ou mais Estados. A "repercussão que extrapola o âmbito dos Estados" é aquela que, na transposição de águas, faz a retirada de águas em um Estado e transporta essas águas para outro Estado, por qualquer meio que seja (canalização, túnel ou até por meio rodoviário ou aquaviário). O termo "aproveitamento" abrange o procedimento de "transposição de águas", como, também, concerne qualquer uso dos recursos hídricos interestaduais, como construção de hidroelétricas e barragens.

1.8.5 Os Comitês de Bacias Hidrográficas e a democracia ambiental nas transposições de águas

A Bacia Hidrográfica é a unidade territorial de atuação do Sistema Nacional do Gerenciamento dos Recursos Hídricos. Esse Sistema tem uma importância constitucional, pois foi instituído pela própria Constituição Federal, que atribui à União a competência de "instituir sistema nacional de gerenciamento de recursos hídricos e definir critérios de outorga de direito de seu uso" (art. 21, XIX). Os Comitês de Bacia Hidrográfica não podem ser alijados do procedimento da transposição de águas nas ações do Poder Executivo federal (art. 29, I e II, da Lei 9.433) ou dos Poderes Executivos estaduais e do Distrito Federal (art. 30, I, da Lei 9.433). Assinale-se que o Sistema Nacional de Gerenciamento de Recursos Hídricos tem, entre os seus objetivos, o de "planejar, regular, e controlar o uso, a preservação e a recuperação dos recursos hídricos" (art. 32, IV, da Lei 9.433).

Ressalte-se que o art. 48 a Lei 9.433 afirma: "Para integrar o Sistema Nacional de Recursos Hídricos as organizações civis de recursos hídricos devem ser legalmente constituídas". É relevante apontar que "as entidades civis de recursos hídricos com atuação comprovada na bacia" integram os Comitês de Bacia Hidrográfica (art. 39, V).

Governos e sociedade civil têm o direito e o dever de participarem da concretização do procedimento da transposição de águas, não se limitando, nos rios federais, à presença somente da Agência Nacional de Águas e nos rios estaduais, à presença dos Governadores de Estado.[40]

---

40. Acordo firmado com RJ e MG prevê que SP use água do Paraíba do Sul, *Folha de S. Paulo*, 11.12.2015, Cotidiano-B3.

Jean-Marc Sauvé, vice-presidente do Conselho de Estado francês, assinala, em síntese, que o direito da informação e o direito da participação devem ter peso no procedimento de legitimação da ação pública, tratando-se da cidadania ambiental ligada à existência de um bem público.[41]

A solução jurídica para cada caso de transposição de águas não está específica e expressamente prevista no direito positivo hídrico nacional. É preciso recorrer-se aos instrumentos administrativos já existentes – Estudo Prévio de Impacto Ambiental e Plano de Recursos Hídricos, de forma integrada – para chegar-se a uma decisão justa ambientalmente.

2. DOS OBJETIVOS DA POLÍTICA NACIONAL DE RECURSOS HÍDRICOS

2.1 As águas e o desenvolvimento sustentável

Nos incisos I e II do art. 2º da Lei 9.433/1997 estão explicitados os princípios do desenvolvimento sustentável dos recursos hídricos. Assim, são objetivos da Política Nacional de Recursos Hídricos: "I – assegurar à atual e às futuras gerações a necessária disponibilidade de água, em padrões de qualidade adequados aos respectivos usos; II – a utilização racional e integrada dos recursos hídricos, incluindo o transporte aquaviário, com vistas ao desenvolvimento sustentável".

A CF brasileira, em seu art. 225, caput, já houvera oportunamente inserido a obrigação de instaurar-se o desenvolvimento sustentável. O "Preâmbulo" do Tratado da Bacia do Prata, assinado em Brasília aos 23.4.1969, coloca entre seus objetivos assegurar a preservação dos recursos hídricos "para as futuras gerações, através da utilização racional desses recursos".

A Lei 9.433/1997 demarca concretamente a sustentabilidade dos recursos hídricos em três aspectos: disponibilidade de água, utilização racional e utilização integrada.

Disponibilidade de água de boa qualidade, isto é, não poluída, para as gerações presentes e futuras. Se a água for destinada ao consumo humano, ela deve ser potável, conforme a Portaria 518/2004 do Ministério da Saúde. O abastecimento de água potável, desde a captação até as ligações prediais, faz parte dos serviços públicos de saneamento básico (art. 3º, I, "a", da Lei 11.445/2007), ainda que os recursos hídricos, na sua

---

41. "La démocratie environnementale aujourd'hui" (*Le Conseil d'État et la Juridiction Administrative*, 18.11.2010), <www.conseil-etat.fr/Actualites/Discours-Interventions/La-democratie-environnementale-aujourd-hui>, acesso em 12.12.2015 (minha tradução).

gestão ampla, não façam parte desses serviços públicos (art. 4º, *caput*, da lei mencionada).

Essa a finalidade prioritária, através de uma utilização racional e integrada. Disponibilidade equitativa de água, que facilite o acesso de todos a este bem, ainda que em quantidade diferente. Os institutos jurídicos hão de ser aplicados no sentido de evitar o monopólio das águas, seja por órgãos públicos, seja por particulares.

A racionalidade dessa utilização deverá ser constatada nos atos de outorga dos direitos de uso e nos planos de recursos hídricos. A utilização integrada dos recursos hídricos será reiterada no sistema de gestão constante das diretrizes gerais de ação do art. 3º.

A ética da sustentabilidade das águas ganhou respaldo legal e não deve ser deixada como enfeite na legislação, podendo, por isso, ser invocado o Poder Judiciário quando as outorgas, planos e ações inviabilizarem a disponibilidade hídrica para as presentes e futuras gerações.

O Prof. Stéphane Doumbé-Billé, analisando a Agenda 21 e a Conferência de Dublin sobre a Água, afirma que a gestão dos recursos hídricos abrange como objetivos principais: "abordagem multissetorial, planejamento da utilização e da gestão racional; concepção, implantação e avaliação de projetos economicamente rentáveis e socialmente adaptados; definição, criação ou apoio a mecanismos institucionais, jurídicos e financeiros com o fim de assegurar-se o progresso social e o crescimento sustentado".[42]

2.2 Prevenção das enchentes

É também objetivo da Política Nacional de Recursos Hídricos "a prevenção e a defesa contra eventos hidrológicos críticos de origem natural ou decorrentes do uso inadequado dos recursos naturais" (art. 2º, III).

As enchentes ou inundações ou cheias dos cursos d'água, na maioria das vezes, não constituem fatos oriundos da força maior. São previsíveis e evitáveis, desde que se afastem as suas causas. A ausência de vegetação protetora das margens dos cursos de água e o assoreamento dos leitos desses cursos estão entre as principais causas desses eventos hidrológicos críticos. Em Hidrologia emprega-se a locução "cheia máxima possível", que é a "máxima cheia a ser esperada, no caso de completa coincidência de todos os fatores capazes de produzir a maior precipitação e o escoa-

---

42. "L'Agenda 21 et les eaux douces", in Prieur e Doumbé-Billé (orgs.), *Droit de l'Environnement et Développement Durable*, Limoges, PULIM, 1994.

mento máximo". Conceituam-se como "prevenção contra as cheias" as "técnicas para evitar os danos das inundações às estruturas e aos edifícios situados em áreas expostas às cheias".[43]

Devemos apontar duas "Diretrizes Gerais de Ação" (art. 3º) como auxiliares da consecução do objetivo de prevenir e defender a população contra as inundações: articulação dos planejamentos dos recursos hídricos e, especialmente, da área regional e integração com a gestão do uso do solo.

3. DAS DIRETRIZES GERAIS DE AÇÃO

O art. 3º da Lei 9.433/1997 formula diretrizes a serem observadas na implementação da Política Nacional dos Recursos Hídricos. São diretrizes a serem seguidas pelos organismos públicos e privados que vão gerir ou administrar as águas. A lei indicou estratégias de ação e preconizou parcerias com outros órgãos. Para serem colocadas em prática e não serem excluídas do cotidiano do gerenciamento hídrico, as diretrizes precisam estar inseridas nas várias etapas dos procedimentos de outorga do direito de uso das águas, na elaboração do Plano de Recursos Hídricos e na efetivação do sistema de cobrança pelo uso das águas. Da mesma forma, os conselhos serão o termômetro da sensibilidade de seus membros no concernente à observância dos fundamentos, objetivos e diretrizes da lei em análise.

A gestão dos recursos hídricos deve ser feita de forma sistemática, abarcando quantidade e qualidade. Essa gestão deve levar em conta as diferenças físicas, bióticas, demográficas, econômicas, sociais e culturais das diversas regiões do País. Adequado entender-se que a gestão também observará as diferenças entre as várias bacias hidrográficas, que são as unidades territoriais básicas (art. 2º, VI), e não somente as regiões e os Estados.

Os recursos hídricos não podem ser geridos de forma isolada em relação ao meio ambiente. Portanto, o planejamento ambiental concernente à fauna (aquática e terrestre), as florestas, o uso do solo e de agrotóxicos, a instalação de indústrias, a renovação das antigas indústrias e o zoneamento ambiental das bacias hidrográficas são algumas das matérias que devem ser levadas em conta na gestão das águas.

A lei examinada enfatiza a necessidade da articulação do planejamento dos recursos hídricos com o planejamento regional, estadual

---

43. *Glossário de Termos Hidrológicos*, cit.

e nacional. Ainda que sejam valorizados esses planos de "ordenação do território e de desenvolvimento econômico e social" (art. 21, IX, da CF), não seria vantajoso ignorar-se os planos diretores dos Municípios integrantes de uma bacia ou uma sub-bacia hidrográfica.

As águas interiores devem ter sua gestão integrada aos estuários e às zonas costeiras de que façam parte.

No art. 4º da Lei 9.433/1997 há a inserção do dever para a União de articular-se com os Estados para o gerenciamento dos recursos hídricos de interesse comum. A articulação deve estar presente no momento de conceder outorgas e de suspendê-las. De grande relevância essa norma, pois a União não poderá deixar de participar dos organismos que vão implementar a política dos recursos hídricos, sejam as águas de seu domínio ou não. A União (concretamente, a Secretaria de Recursos Hídricos do Ministério do Meio Ambiente, dos Recursos Hídricos e da Amazônia Legal, o Departamento Nacional de Água e Energia Elétrica-DNAEE, transformado em Agência Nacional de Energia Elétrica-ANEEL, do Ministério de Minas e Energia e o Ministério de Ciência e Tecnologia) receberá os percentuais previstos no art. 54, que lhe proporcionarão recursos para levar avante a articulação apontada no art. 4º.

4. DOS PLANOS DE RECURSOS HÍDRICOS

4.1 Conceito, prazo de vigência e órgãos competentes

"Os Planos de Recursos Hídricos são planos diretores que visam fundamentar e orientar a implementação da Política Nacional de Recursos Hídricos e o gerenciamento dos recursos hídricos" (art. 6º da Lei 9.433/1997).[44]

A lei examinada diz que esses Planos são de "longo prazo, com horizonte de planejamento compatível com o período de implantação de

---

44. No Direito Comparado, merece ser citado o Texto Refundido da Lei de Águas da Espanha (Decreto Legislativo 1/2001), que incorpora a Diretiva Europeia das Águas. "A planificação hidrológica terá por objetivos gerais conseguir o bom estado e a adequada proteção do domínio hidráulico e das águas objeto desta Lei, a satisfação das demandas de água e harmonização do desenvolvimento regional e setorial, incrementando as disponibilidades dos recursos, protegendo sua qualidade, economizando seu emprego e racionalizando seus usos em harmonia com o meio ambiente e os demais recursos naturais" (Blanca Lozano, "Modificaciones y vicisitudes de la planificación hidrológica", *Planificación y Ordenamiento Jurídico de los Recursos Hídricos*, Madri, Fundación Agbar e Consejo General del Poder Judicial, 2015, pp. 163-196 – minha tradução).

seus programas e de seus projetos" (art. 7º, *caput*). Caberá às "Agências de Água", que vão elaborar o Plano, sugerir o prazo de vigência (art. 44, X), e aos "Comitês de Bacia Hidrográfica" aprovar ou não esse prazo.

O Conselho Nacional de Recursos Hídricos poderá estabelecer diretrizes complementares para a aplicação dos Planos de Recursos Hídricos, uma vez que ele é um dos instrumentos da Política Nacional de Recursos Hídricos (art. 35, VI, da Lei 9.433/1997). Dentro dessas normas complementares poderá constar o procedimento para emendar ou modificar os Planos de Recursos Hídricos.

O Plano deve ter uma durabilidade condizente com sua implantação e aceitação. Mudanças constantes podem levar à inaplicabilidade do Plano. Contudo, o Plano precisa prever sua revisão, para adaptar-se a fatos supervenientes. Na Itália, Mauro Sanna critica que muitas entidades "limitam-se a redigir o Plano como se o mesmo tivesse um caráter taumatúrgico, pelo qual a simples redação seja suficiente e eficaz para resolver a situação ambiental e que, com a sua elaboração, termine a função de planejamento e de programação".[45]

4.2 Abrangência: plano de bacia hidrográfica, dos Estados e do País

"Os Planos de Recursos Hídricos serão elaborados por bacia hidrográfica, por Estado e para o País" (art. 8º da Lei 9.433/1997).

Os três Planos previstos no art. 8º serão elaborados diferentemente do que tem sido praticado na Federação brasileira. Os Planos não nascerão na cúpula ou no centro, mas na base do Sistema Nacional de Gerenciamento dos Recursos Hídricos. Essa interpretação encontra seus fundamentos no art. 1º, V e VI, da Lei 9.433/1997 e no art. 20 da Lei 8.171/1991 (Lei de Política Agrícola). O Plano fundamental é o "Plano por bacia hidrográfica", porque a bacia hidrográfica é a unidade territorial de atuação e de planejamento do Sistema Nacional e porque a gestão hídrica é descentralizada. Assim, as prioridades de usos das águas, por exemplo, serão primeiramente procuradas a nível da bacia hidrográfica. Em seguida, fazendo-se Planos estaduais, eles deverão integrar em seus Planos as prioridades apontadas nos Planos da bacia hidrográfica. Finalmente, ao ser elaborado o Plano do País, integrar-se-ão os Planos estaduais para estabelecerem-se as prioridades nacionais.

---

45. Mauro Sanna, *Il Codice dell'Ambiente*, 4ª ed., Piacenza, 1993.

Os Planos estaduais não são cópias somatórias dos Planos de bacias hidrográficas existentes nos Estados. Não poderão deixar de levá-los em conta, mas irão fazer a interação dos dados e das prioridades apontadas. Na mesma linha de atuação posiciona-se o Plano Nacional de Recursos Hídricos. Este, além das necessidades hídricas nacionais das presentes e futuras gerações, irá ponderar os dados e as necessidades transnacionais, em relação aos rios transfronteiriços.

Haverá inicialmente dificuldades para a implementação dessa metodologia descentralizadora, porque temos um passado de centralização e de hegemonia de determinados polos regionais. Contudo, a partir do gerenciamento por bacia hidrográfica, sem isolacionismos, do ponto de vista nacional e da comunidade do MERCOSUL e da Comunidade Amazônica, vantagens ambientais, na perspectiva do desenvolvimento sustentável, hão de ser alcançadas.

Tríplice pode ser a abrangência territorial do Plano. O Plano concernente à "bacia hidrográfica" tem relação com a área de atuação do Comitê de Bacia Hidrográfica, com o dimensionamento apontado pelo art. 37, conforme foi comentado no item 1.4. Assim, o Plano de Recursos Hídricos pode abranger somente uma sub-bacia ou grupo de sub-bacias hidrográficas, a totalidade de uma bacia ou grupo de bacias hidrográficas.

O Plano de Recursos Hídricos estadual não irá planejar somente para os limites políticos do Estado, mas para a realidade de todas as suas bacias e sub-bacias hidrográficas, levando em conta suas relações hídricas com os outros Estados brasileiros e até com os Países vizinhos. Daí caminha-se naturalmente para o Plano Nacional de Recursos Hídricos.

O Plano Nacional de Recursos Hídricos, consoante o inciso VIII do art. 35 da Lei 9.433/1997, vetado pelo Presidente da República, deveria ser apreciado pelo Congresso Nacional, através de lei. Monteiro Fins, Moreira Alves e De Bonis criticam o veto aposto, dizendo que o Plano, "pela sua magnitude, será de importância estratégica para o País, pelo quê, seria de todo salutar que o mesmo fosse submetido ao Congresso Nacional".[46]

4.3 Conteúdo

Não foi dito pela lei quais as pessoas ou grupo de pessoas que irão auxiliar as Agências de Água, para elaborar o Plano.

---

46. "A lei federal de recursos hídricos", *5 Anos Após a ECO-1992*, Anais, São Paulo, Instituto O Direito por um Planeta Verde, 1997, pp. 211-219.

Os Planos de Recursos Hídricos terão o seguinte conteúdo mínimo, segundo o art. 7º da Lei 9.433/1997:

a) Diagnóstico da situação atual dos recursos hídricos. Os usos atuais das águas devem ser estudados e suas implicações na qualidade e quantidade dos recursos (inclusive a vazão de todos os cursos de água, abrangidos pelo Plano, com relação aos usos públicos atuais). A existência de conflitos ou insatisfações, quanto aos usos atuais, deve ser pesquisada.

b) Análise de alternativas de crescimento demográfico, de evolução de atividades produtivas e de modificações dos padrões de ocupação do solo. Para que a análise seja devidamente efetuada, todos os núcleos populacionais (rurais e urbanos) da área merecem ser levantados, as correntes migratórias, a legislação de loteamento e do uso do solo, os projetos de loteamento e de distritos industriais protocolados nas Prefeituras Municipais e a legislação e a execução dos zoneamentos. Esta parte do Plano situa-o não só nos recursos hídricos propriamente ditos, mas nos recursos ambientais globalmente enfocados. Busca-se uma visão conjunta território/água e um planejamento integrado montante-jusante, de modo que seja possibilitado um desenvolvimento equitativo de todos os Estados e Municípios da bacia ou sub-bacia.

Atenção deve ser dada às "bacias de rios fronteiriços e transfronteiriços de gestão compartilhada" (art. 39, § 2º, da Lei 9.433/1997).

Entendemos que, tanto nos rios exclusivamente nacionais como nos rios transfronteiriços, devam ser observados o princípio de "utilização equitativa e razoável" e o princípio da "obrigação de não causar danos significativos" em todos os trechos dos cursos de água e que, para isso, merecem ser realizadas negociações e consultas para dirimir os conflitos. Não sendo profícuas as negociações e consultas, a arbitragem deve ser procurada.

c) Balanço entre disponibilidades e demandas futuras dos recursos hídricos, em quantidade e qualidade, com identificação dos conflitos potenciais. O Plano Nacional de Recursos Hídricos, se existente, precisa ser examinado (art. 12, § 2º, da Lei 9.433/1997), buscando-se informações, inclusive, sobre o plano de "aproveitamento dos potenciais hidrelétricos". Para as demandas futuras, os usos possíveis das águas precisam ser detectados (por exemplo: pesca, piscicultura, transporte aquaviário, irrigação e lazer). Levando-se em conta o diagnóstico efetuado, conforme a alínea "a", deverá haver o prognóstico de futuros conflitos nos usos das águas.

d) Metas de racionalização de uso, aumento da quantidade e melhoria da qualidade dos recursos. Com os dados já levantados, indica-se aqui a fixação de objetivos, cuja concretização será apontada na alínea seguinte.

e) Medidas a serem tomadas, programas a serem desenvolvidos e projetos a serem implantados, para o atendimento das metas previstas. Comentamos essa alínea no item 4.4.

f) Prioridades para outorga de direitos de uso de recursos hídricos. Embora tenha sido mencionado no plural, poderá o Plano indicar a ordem das prioridades, que deverão ser cumpridas hierarquicamente. A multiplicidade de usos como norma geral comporta seja apontado qual o uso a ser observado em primeiro lugar, sem que se eliminem os usos posteriores, a não ser no caso específico do art. 1º, III, da Lei 9.433/1997. A escolha das prioridades não pode ser arbitrária, devendo ser adequadamente fundamentada.

g) Diretrizes e critérios para a cobrança pelo uso dos recursos hídricos. Essas diretrizes e critérios serão específicos para o Comitê de Bacia Hidrográfica, devendo seguir os critérios gerais que tenham sido estabelecidos pelo Conselho Nacional de Recursos Hídricos (art. 35, X, da Lei 9.433/1997).

h) Propostas para a criação de áreas sujeitas a restrição de uso, com vistas à proteção dos recursos hídricos.

O conteúdo do Plano de Recursos Hídricos é de ordem pública. Quando a lei diz que há um "conteúdo mínimo", ela está indicando a sua indispensabilidade. Todos os Planos (de bacia hidrográfica, dos Estados e o Nacional) devem percorrer o caminho contido nos oito incisos em vigor. A insuficiência deve acarretar a nulidade do Plano, sem ser necessário que se prove o prejuízo ocorrido com a omissão.

4.4 Plano de Recursos Hídricos e outorga de direitos de uso de recursos hídricos

"Toda outorga estará condicionada às prioridades de uso estabelecidas nos Planos de Recursos Hídricos ..." (art. 13, *caput*, da Lei 9.433/1997).

A outorga dos direitos de uso deverá obedecer totalmente às prioridades de uso das águas expostas nos Planos de Recursos Hídricos. Dessa forma, o uso que não estiver apontado como prioritário só poderá ser concedido se houver a prova de que a prioridade hídrica foi satisfeita.

Quando a outorga for emitida sem que tenha sido adotado o Plano de Recursos Hídricos da Bacia Hidrográfica, seria adequado que ficasse explícito, na regulamentação, que os outorgados são obrigados a adaptar suas atividades e obras ao Plano superveniente, em prazos nele previstos.

4.5 Plano de Recursos Hídricos e cobrança do uso de recursos hídricos

A cobrança pelo uso de recursos hídricos objetiva "obter recursos financeiros para o financiamento dos programas e intervenções contemplados nos Planos de Recursos Hídricos" (art. 19, III, da Lei 9.433/1997). A política de cobrança das águas está apontada no art. 19, mencionado. Oportunamente conclamava o Prof. Cid Tomanik Pompeu, antes da votação do projeto de lei de recursos hídricos: "a lei precisará definir uma política de cobrança, se não acaba virando imposto".[47]

Há uma clara e indubitável vinculação dos recursos financeiros a serem arrecadados pelas Agências de Água com o que constar nos programas e projetos dos Planos de Recursos Hídricos. Não há possibilidade do uso discricionário desses recursos financeiros. Implica desvio de finalidade manifesto o uso da cobrança contrariando o Plano de Recursos Hídricos.

4.6 Plano de Recursos Hídricos e plano de aplicação dos recursos arrecadados com a cobrança pelo uso de recursos hídricos

O Plano de Recursos Hídricos deve prever os "programas a serem desenvolvidos e projetos a serem implantados" (art. 7º, V, da Lei 9.433/1997). No próprio Plano não há a obrigação legal de ser inserido o "cronograma de execução" das medidas, programas e projetos, diante do veto aposto pelo Presidente da República (*DOU* 9.1.1997, p. 479) ao inciso VII do mencionado art. 7º. Contudo, os Comitês de Bacia Hidrográfica poderão sugerir "providências necessárias" ao cumprimento das metas apontadas nos Planos (art. 38, IV, da Lei 9.433/1997).

Quanto à programação financeira referente às medidas, programas e projetos, vetada, também, pelo Presidente da República, esta programação permanece obrigatória, pois constante de outra parte da Lei 9.433/1997, quando em seu art. 44 estabelece entre as competências das Agências de Água a de propor ao Comitê de Bacia Hidrográfica o "plano de aplicação dos recursos arrecadados com a cobrança pelo uso de recursos hídricos" (inciso XI, "c"). Esse "plano de aplicação" poderá ser proposto junto com o Plano de Recursos Hídricos, ou separado do mesmo. Entretanto, o

---

47. "Legislação de água no Brasil", *Águas – Seminário: Mananciais e Uso. Saneamento e Saúde. Política e Legislação*, Salvador, Goethe Institut e Secretaria do Meio Ambiente do Município de Salvador, 1994, pp. 325-346.

"plano de aplicação" dos recursos arrecadados com a cobrança pelo uso de recursos hídricos tem que obedecer totalmente ao Plano de Recursos Hídricos, sem nada mudar ou inovar, pois, como diz textualmente a própria lei citada, em seu art. 19, "a cobrança pelo uso de recursos hídricos objetiva ... III – obter recursos financeiros para o financiamento dos programas e intervenções contemplados nos Planos de Recursos Hídricos". O art. 38, VII – "aprovar o plano de aplicação dos recursos arrecadados com a cobrança pelo uso dos recursos hídricos" –, vetado pelo Presidente da República, tem nas razões de veto a confirmação do raciocínio acima exposto, a saber: "Quanto ao inciso VII, a aplicação dos valores arrecadados com a cobrança pelo uso de recursos hídricos decorrerá da execução do Plano Nacional e dos Planos de Bacias."

O "plano de aplicação" vai fazer o relacionamento entre o fluxo da receita e o fluxo da despesa, prevendo especificamente as épocas de pagamento ou desembolso dos recursos, tudo em estrita obediência aos Planos de Recursos Hídricos.

4.7 Plano de Recursos Hídricos e licenciamento ambiental

Como já se focalizou, a gestão dos recursos hídricos deve articular-se com a gestão ambiental. Na fase de formulação dos Planos de Recursos Hídricos é de extrema importância a participação dos órgãos públicos ambientais (em especial para opinar sobre os padrões de qualidade das águas e a conservação ou a recuperação da vegetação de preservação permanente nas margens dos cursos de água).

Aprovado o Plano de Recursos Hídricos, ele deverá ser respeitado no momento do licenciamento ambiental, desde que não contrarie expressamente a legislação ambiental a ser aplicada pelos órgãos licenciadores.

4.8 Plano de Recursos Hídricos, publicidade e Audiência Pública

O controle do uso das águas – patrimônio coletivo – não terá êxito se o público – em todos os seus segmentos – não tiver oportunidade de acompanhar a utilização dos instrumentos da Política Nacional dos Recursos Hídricos, em especial a elaboração do Plano de Recursos Hídricos.

Valem aqui os argumentos expendidos sobre a participação do público no Estudo de Impacto Ambiental.

Antes de ser apreciado e votado pelo Comitê de Bacia Hidrográfica seria de alta valia que o Plano de Recursos Hídricos proposto pelas Agências de Água fosse publicado na íntegra para divulgação, inclusive, via eletrônica, e sua síntese, contendo os programas de aplicação dos recursos financeiros, publicada nos Diários Oficiais da União, dos Estados e dos Municípios interessados. Com a publicidade prévia, informa-se a tempo e de forma antecipada em relação à decisão de adoção do Plano.

A Lei 9.433/1997 previu a estruturação de um "Sistema de Informações sobre Recursos Hídricos" (arts. 25 a 27). Um dos objetivos do Sistema Nacional de Informações sobre Recursos Hídricos é "fornecer subsídios para a elaboração dos Planos de Recursos Hídricos" (art. 27, III). Uma forma eficaz para o fornecimento desses subsídios é a Audiência Pública, cabendo aos Comitês de Bacia Hidrográfica "submeter, obrigatoriamente, os planos de recursos hídricos da bacia hidrográfica à audiência pública" (Resolução 5, de 10.4.2000, do Conselho Nacional de Recursos Hídricos, *DOU* de 11.4.2000, pp. 50-51). A Audiência Pública, não tendo caráter deliberativo, consagra a transparência desse tipo de planejamento hídrico e prepara a população para leal e cooperativa adesão ao Plano.

4.9 Plano de Recursos Hídricos e o Plano Nacional de Irrigação

A Lei de Política Nacional de Irrigação – Lei 6.662/1979 –, previu a elaboração do "Plano Nacional de Irrigação" (arts. 3º, II e 4º, I). Útil discutir da necessidade de esse Plano integrar-se ao Plano de Recursos Hídricos. A Lei 9.433/1997 veio tratar posteriormente, com maior amplitude, de toda a Política Nacional de Recursos Hídricos, instituindo o Plano de Recursos Hídricos por bacia hidrográfica, por Estado e em todo o País. Tratando-se a irrigação de um dos usos múltiplos das águas, ela não pode ser gerida separadamente da globalidade das águas.

A racionalidade e o advento da lei posterior mais abrangente estão a exigir que o Plano Nacional de Irrigação incorpore-se, dentro de sua especificidade, ao Plano de Recursos Hídricos, a começar de sua elaboração e sua implementação na bacia hidrográfica.

4.10 Plano de Recursos Hídricos, planejamento e zoneamento ambiental

O Plano de Recursos Hídricos não é elaborado através de lei federal. Os Estados poderão prever que esses Planos sejam elaborados por lei. Nos rios de domínio da União, os Planos deverão observar o que dispuserem os "Planos nacionais e regionais de ordenação do território e de desenvolvimento econômico e social" (art. 21, IX, da CF), quando estes Planos tenham sido elaborados por lei (art. 48, II e IV, da CF).

Tem havido zoneamento ambiental de bacias hidrográficas através de lei. Citem-se os casos do rio Doce, objeto da Lei 7.566, de 19.12.1986, e de leis estaduais, como algumas do Estado de São Paulo, que trataram das atividades e empreendimentos permitidos e proibidos nos rios Piracicaba, Moji-Guaçu e Pardo. As disposições destas leis, naquilo que se referirem ao meio ambiente e especificamente às águas, não podem ser ignoradas ou contrariadas pelos Planos de Recursos Hídricos, quando não sejam estes elaborados através de lei.

5. ENQUADRAMENTO DOS CORPOS DE ÁGUA E COMPETÊNCIA PARA CLASSIFICAÇÃO DAS ÁGUAS

Diz a Lei 9.433/1997 que o enquadramento dos corpos de água em classes, segundo os usos preponderantes da água, visa a: a) assegurar às águas qualidade compatível com os usos mais exigentes a que forem destinadas; b) diminuir os custos de combate à poluição das águas, mediante ações preventivas permanentes (art. 9º).

"As classes de corpos de água serão estabelecidas pela legislação ambiental" (art. 10). O termo "estabelecer" as classes de corpos de água significa, numa primeira fase, dar as características de cada classe e, numa segunda fase, constatar as características existentes de um corpo hídrico e propor as metas para alcançar determinada classe e, finalmente, a fase de classificação de cada corpo hídrico na classe devida. Há um sistema de classes de qualidade das águas, tendo a Resolução CONAMA 357, de 17.3.2005, definido a classificação das águas doces, salobras e salinas, com base nos usos preponderantes, em 13 classes de qualidade (art. 3º). De acordo com o referido art. 10 da Lei 9.433, a classificação das águas de cada corpo de água numa determinada classe é atribuição do organismo público que tenha competência para o licenciamento, a fiscalização e a imposição de penalidades administrativas ambientais, conforme a legislação ambiental.

As águas doces estão classificadas em Classe Especial, Classe 1, Classe 2 e Classe 3 (Resolução 357/2005, art. 4º).

A classificação das águas é o reconhecimento da diferença e multiplicidade de usos desse recurso. Os usos pretendidos vão ser discutidos e apontados no Plano de Recursos Hídricos. Esse Plano dirá que para tal segmento de corpo de água, tributário, sub-bacia e/ou bacia hidrográfica, pretende-se o enquadramento numa determinada classe. O Plano já deve ter feito levantamentos e amostragens da situação da água em questão. O levantamento da situação dos efluentes ou dos lançamentos existentes ou potenciais é fundamental, pois "os efluentes de qualquer fonte poluidora somente poderão ser lançados, direta ou indiretamente, nos corpos de água desde que obedeçam às condições e padrões previstos neste artigo, resguardadas outras exigências" (art. 34 da Resolução 357/2005; para maior aprofundamento na matéria, v. os §§ 1º a 5º desse art. 34).

A referida resolução conceitua enquadramento como o estabelecimento da "meta ou objetivo de qualidade da água (Classe) a ser obrigatoriamente alcançado ou mantido em um segmento de corpo de água, de acordo com os usos preponderantes pretendidos, ao longo do tempo" (art. 2º, XX, da Resolução 357/2005). O órgão público ambiental irá verificar a situação da água em cada setor. Para cada classe de água há a previsão de parâmetros de materiais flutuantes, óleos e graxas, substâncias que comuniquem gosto ou odor, corantes artificiais, substâncias que formem depósitos objetáveis, coliformes, DBO5 (demanda bioquímica de oxigênio), OD (oxigênio dissolvido), turbidez, pH (análise da acidez ou alcalinidade), substâncias potencialmente prejudiciais.

Entre as competências das Agências de Água está a de propor "o enquadramento dos corpos de água nas classes de uso, para encaminhamento ao respectivo Conselho Nacional ou Conselhos Estaduais de Recursos Hídricos, de acordo com o domínio destes" (art. 44, XI, "a", da Lei 9.433/1997). O Conselho Nacional de Recursos Hídricos poderá concordar com a atual classificação das águas ou concordar com as proposições do estabelecimento de novos níveis de qualidade a serem alcançados. A lei comentada, em seu art. 35, não concedeu, contudo, competência a este Conselho para efetuar uma nova classificação. Da mesma forma, os Conselhos Estaduais de Recursos Hídricos decidirão sobre o enquadramento proposto e não sobre a classificação dos corpos hídricos, que será feita pelos órgãos estaduais de meio ambiente.

A Resolução CONAMA 20/1986 enseja uma solução adequada, dizendo: "O enquadramento das águas federais na classificação será procedida pela SEMA, ouvidos o Comitê Especial de Estudos Integrados de Bacias Hidrográficas-CEEIBH e outras entidades públicas interessadas" (art. 20, "b"). Essa resolução, apoiada no art. 10 da Lei 9.433/1997, fica atualizada no sentido da ouvida acima preconizada do Conselho Nacional de Recursos Hídricos. No lugar da SEMA, atualmente, é competente o IBAMA, como um dos órgãos de execução do Ministério do Meio Ambiente.

A articulação da gestão da área hídrica com a área pública de meio ambiente há de ser feita sem invasão ou usurpação de competências. Além disso, essa separação de competências é salutar, para que os órgãos de gestão de recursos hídricos não sejam juiz e parte, ao mesmo tempo, da qualidade desses recursos.

No Direito Comparado vemos que na Inglaterra e no País de Gales, em 1989, foram separadas as funções de regulamentação e planejamento global das funções de saneamento e abastecimento hídrico, com a finalidade de assegurar-se a aplicação das normas e uma maior transparência política.[48]

6. OUTORGA DOS DIREITOS DE USO DOS RECURSOS HÍDRICOS

6.1 Conceito

A Constituição da República, em seu art. 21, XIX, disse competir à União definir os critérios de outorga[49] dos direitos de uso de recursos hídricos. A Lei 9.433/1997 – Lei da Política Nacional de Recursos Hídricos – dispôs: "O regime de outorga de direitos de uso de recursos hídricos tem como objetivos assegurar o controle quantitativo e qualitativo dos usos da água e o efetivo exercício dos direitos de acesso à água" (art. 11).

Essa norma legal é vinculante para a ação governamental federal e estadual na outorga de direitos de uso. Os governos não podem conceder ou autorizar usos que agridam a qualidade e a quantidade das águas, assim como não podem agir sem equidade no darem acesso à água.

No sentido especificamente jurídico, a outorga vai exigir a intervenção do Poder Executivo federal (art. 29, I, da Lei 9.433/1997) e dos Poderes Executivos estaduais e do Distrito Federal (art. 30, I, da lei mencionada) para manifestar sua vontade. A regulamentação da lei indica os critérios gerais de outorga, como estes critérios integrarão as resoluções do Conselho Nacional de Recursos Hídricos (art. 35, X, da Lei 9.433/1997 e Decreto 4.613, de 11.3.2003).

A Instrução Normativa 4, de 21.6.2000, do Ministério do Meio Ambiente (*DOU* 3.7.2000, pp. 25-30), definiu "outorga de direito de uso de recursos hídricos como ato administrativo, de autorização, mediante o qual o Poder Público outorgante faculta ao outorgado o direito de uso do recurso hídrico, por prazo determinado, nos termos e condições expressas no respectivo ato".

---

48. "L'Eau. Royaume Uni", OCDE, *Examen des Performances Environnementales*, pp. 51-70.
49. Outorga, s.f. ant. Consentimento, aprovação, permissão. Ordenações Livro 4, 48 (Antonio de Moraes Silva, *Diccionario da Lingua Portugueza*, 7ª ed., Lisboa, Typographia de Joaquim Germano de Sousa Neves, t. II, 1878. O artigo 48 (XLVIII) tem a rubrica: "Que o marido não possa vender, sem outorga da mulher". O termo continua a ter o mesmo entendimento (Antonio Houaiss, *Dicionário eletrônico Houaiss da língua portuguesa*, Editora Objetiva, CD-ROM, Versão 1.0, dez. 2001).

O Conselho Nacional de Recursos Hídricos conserva a competência para editar normas sobre os "critérios gerais de outorga" (art. 35 da Lei 9.433/1997), mesmo com o advento da Instrução Normativa 4, acima referida. O Conselho poderá dispor de forma diferente sobre os critérios de outorga, salientando-se que suas resoluções têm superioridade em relação às normas do Ministério do Meio Ambiente, hierarquia essa que lhe é dada pela própria lei mencionada.

A Lei 9.433/1997 não previu a necessidade de licitação para a outorga de uso dos recursos hídricos. Esta outorga não configura prestação de serviço público, como ocorrerá quando uma empresa destinar-se à distribuição de água em uma cidade. A prestação de serviço público, conforme o art. 175 da CF, está sujeita à realização de licitação, seja esta prestação efetuada diretamente pelo Poder Público ou sob regime de concessão ou permissão.

No Cap. VI do Tít. I da Lei 9.433/1997 tratou-se da "Ação do Poder Público". "Na implementação da Política Nacional de Recursos Hídricos, compete ao Poder Executivo Federal: ... II – outorgar os direitos de uso de recursos hídricos ...". "Parágrafo único. O Poder Executivo Federal indicará, por decreto, a autoridade responsável pela efetivação de outorgas de direito de uso dos recursos hídricos sob domínio da União" (art. 29). "Na implementação da Política Nacional de Recursos Hídricos, cabe aos Poderes Executivos estaduais e do Distrito Federal, na esfera de sua competência: I – outorgar os direitos de uso dos recursos hídricos ..." (art. 30). A Lei 9.433/1997 demarca bem uma área que não pode ficar na gestão privada: a área da outorga dos direitos de uso das águas.

Pode parecer estranho que uma lei federal venha a apontar aos Estados e ao Distrito Federal o dever de intervir, na área de sua competência, na outorga dos direitos de uso das águas. Constitucional essa determinação, pois o art. 21, XIX, da CF afirma competir à União "definir critérios de outorga de direitos de seu uso" ao referir-se aos recursos hídricos. Um dos critérios que a União inseriu na Lei 9.433/1997 é o de que a outorga dos direitos de uso dos recursos hídricos é competência do Poder Público.

A outorga não será definitiva, pois a própria lei já estipulou a sua validade máxima em 35 anos, ainda que possa haver renovação (art. 16), como, também, sua suspensão (art. 15).

A outorga visa a dar uma "garantia quanto à disponibilidade de água, assumida como insumo básico de processo produtivo", como acentua

---

50. "Gerenciamento de recursos hídricos – parte I: Outorga", *XII Simpósio Brasileiro de Recursos Hídricos*, Vitória, 1997 (documento inédito).

o Prof. Jérson Kelman.⁵⁰ Salienta, também, que "a outorga tem valor econômico para quem a recebe, na medida em que oferece garantia de acesso a um bem escasso". Esclarece que "um grande complicador no processo de emissão de outorgas tem origem no fato de que o conceito de "disponibilidade hídrica" admite diferentes formulações, porque a vazão fluvial é uma variável aleatória, e não uma constante".

Diante da inconstância da disponibilidade hídrica, constata-se que os outorgados não têm direito adquirido a que o Poder Público lhes forneça o *quantum* de água indicado na outorga. O Poder Público não pode arbitrariamente alterar a outorga, mas pode modificá-la motivadamente, de acordo com o interesse público.

"A motivação não se cumpre com qualquer fórmula convencional: pelo contrário, a motivação haverá de ser suficiente, isto é, há de dar razão plena do processo lógico e jurídico que determinou a decisão. Não cabe substituir um conceito jurídico indeterminado, que esteja na base da Lei, por outro igualmente indeterminado; deverá justificar-se a aplicação do referido conceito às circunstâncias singulares; outra coisa não é expressar um motivo, mas formular uma conclusão" é a magistral lição dos Professores Eduardo García de Enterría e Tomás-Ramon Fernández.⁵¹

O Código das Águas dispunha que "as águas públicas não podem ser derivadas para as aplicações da agricultura, da indústria e da higiene, sem a existência de concessão administrativa, no caso de utilidade pública e, não se verificando esta, de autorização administrativa, que será dispensada, todavia, na hipótese de derivações insignificantes" (art. 43, *caput*).

A aplicação do "princípio da participação" para a efetivação da outorga de uso dos recursos hídricos não foi expressamente prevista na legislação. Seria altamente saudável que não ficasse essa decisão administrativa de vital importância para a comunidade somente nas mãos de servidores públicos eventuais ou de carreira. A sociedade civil precisa ser convocada para opinar e, também, ajudar no processo decisório hídrico já nessa fase, e não somente nas fases posteriores, no Comitê de Bacia Hidrográfica.

6.2 Abrangência da outorga de uso das águas

Estão sujeitos à outorga pelo Poder Público os direitos dos seguintes usos de recursos hídricos, de acordo com o art. 12 da Lei 9.433/1997:

---

51. Eduardo García de Enterría e Tomás-Ramon Fernández, *Curso de Derecho Administrativo*, vol. I, Madri, Editorial Civitas, 1981, p. 475.

"I – derivação ou captação de parcela da água existente em um corpo de água para consumo final, inclusive abastecimento público ou insumo produtivo" (derivação é a "transferência de águas de uma corrente para outra, podendo as correntes ser naturais ou artificiais");[52] II – extração de água de aquífero subterrâneo para consumo final de processo produtivo; III – lançamento em corpo de água de esgotos e demais resíduos líquidos ou gasosos, tratados ou não, com o fim de sua diluição, transporte ou disposição final; IV – aproveitamento dos potenciais hidrelétricos; V – outros usos que alterem o regime, a quantidade ou a qualidade da água existente em um corpo de água".

No inciso V do art. 12 acima referido, o legislador deu à Administração Pública a possibilidade de alargar os casos em que a outorga hídrica seja obrigatória. A Administração Pública, contudo, terá o ônus da prova a respeito da possibilidade da alteração do regime, da quantidade e/ou da qualidade de água existente em um corpo de água. Só assim pode-se entender como legais as modalidades de outorga do art. 3º, III, IV e V, da IN 4, de 21.6.2000: obras hidráulicas; serviços de limpeza, proteção de margens e desassoreamento de cursos de água e travessias em cursos d'água (*DOU* 3.7.2000, p. 27).

Obras hidráulicas como: 1. Obras de preservação: barragens, açudes, tanques de reservação, diques de proteção, diques, soleiras de nível; 2. Obras de desvio ou derivação: canais, retificação, espigões, desvios; 3. Obras de travessia: pontes, aquedutos, oleodutos (*DOU* 3.7.2000, p. 28).

A ausência de outorga nos casos acima mencionados configura "infração das normas de utilização de recursos hídricos superficiais ou subterrâneos" (art. 49), e o infrator ficará sujeito a advertência, multa, embargo provisório e embargo definitivo.

Cabe ação civil pública para o cumprimento da obrigação de fazer contra o usuário da água (pessoa física ou jurídica, privada ou pública) que infringir as obrigações do art. 12 da Lei 9.433/1997, agindo sem a outorga de uso das águas.

"Deve ser distinguida a suficiência e a disponibilidade de recursos hídricos. São conceitos que se situam em planos distintos: a suficiência faz referência à existência de recursos hídricos, enquanto a disponibilidade concreta-se na possibilidade de aplicar os recursos hídricos existentes. Portanto, a disponibilidade é um conceito que se situa em um plano de valoração cronológica posterior ao da suficiência, de tal forma que a existência de recursos hídricos é condição necessária para poder-se dispor

---

52. *Glossário de Termos Hidrológicos*, cit.

desses recursos, porém não é condição suficiente, uma vez que a disponibilidade requer um título de concessão para a utilização do recurso."[53]

6.3 Outorga e reserva hídrica

6.3.1 Reserva hídrica para salvaguarda ambiental

Merecem ser combinados o art. 11 e o parágrafo único do art. 13, ambos da Lei 9.433/1997, quando indicam que a outorga tem como objetivo assegurar o direito de acesso à água e à preservação do uso múltiplo dos recursos hídricos. O uso da água pela fauna e o uso da água para diluição e dispersão de poluentes integram a multiplicidade do uso dos recursos hídricos. Ao Poder Público e à coletividade incumbe a defesa do equilíbrio do meio ambiente (art. 225 da CF) e, para o exercício desta tarefa, no caso enfocado, é necessário atenção para que o deferimento das outorgas solicitadas por usuários específicos não torne inviável a qualidade ambiental de um corpo de água. Assim, à semelhança da reserva legal florestal, há uma reserva hídrica que não permitirá que o Poder Público conceda todas as outorgas solicitadas, sem deixar um saldo hídrico suficiente para atender às emergências ambientais de interesse comum da coletividade.

6.3.2 Outorga preventiva para declaração de disponibilidade de água

A Lei 9.984/2000 criou duas outorgas preventivas ou preliminares, nos arts. 6º e 7º.

O art. 6º, *caput*, diz: "A ANA poderá emitir outorgas preventivas de uso de recursos hídricos, com a finalidade de declarar a disponibilidade de água para usos requeridos, observado o disposto no art. 13 da Lei 9.433, de 1997". O § 1º desse mesmo artigo diz: "A outorga preventiva não confere direito de uso de recursos hídricos e se destina a reservar a vazão passível de outorga, possibilitando, aos investidores, o planejamento de empreendimentos que necessitem desses recursos".

Tanto no art. 6º como no art. 7º pode-se pedir a reserva de determinada quantidade de água. O requerente entra numa fila para que se estabeleça a precedência de seu pedido. A outorga preventiva não vai

---

53. Tribunal Supremo da Espanha, Recurso 2419/2012, recorrente Generalidad Valenciana, rel. Magistrado Rafael Fernandez Valverde, j. 14.11.2014.

obrigar o requerente ao uso imediato, devendo a ANA estabelecer um prazo máximo de até três anos para utilização da outorga preventiva (art. 6º, § 2º, da Lei 9.984/2000).

A ANA não está obrigada a conceder a outorga de uso do recurso hídrico só pelo fato de o requerente ter obtido a outorga preventiva de "declaração de disponibilidade de água". Caso contrário, seria impedir ou dificultar a adoção de um Plano de Recursos Hídricos que, pelo próprio art. 6º da Lei 9.984/2000, combinado com o art. 13 da Lei 9.433/1997, através de suas prioridades de uso, deve ser estritamente obedecido. A vantagem da outorga preventiva, aqui tratada, é estabelecer uma preferência em relação a quem não a obteve.

A outorga preventiva deve ter seu pedido e sua autorização publicados no Diário Oficial da União e em jornal de grande circulação na respectiva região (art. 8º da Lei 9.984/2000), ainda que não confira direito imediato de uso dos recursos hídricos. Isso porque temos que extrair do art. 8º da Lei 9.984/2000 o seu real sentido, que é a publicidade dos atos da administração pública (CF, art. 37, e Lei 9.784, de 29.1.1999, art. 2º). A publicidade dessa outorga destina-se a mostrar a todos a "vazão passível de outorga", para que, em toda uma bacia hidrográfica, possa ser feito um planejamento hídrico eficiente e idôneo e não se esconda de ninguém a água que se pretende reservar.

6.3.3 Declaração de reserva de disponibilidade hídrica para uso do potencial de energia hidráulica

A licitação para concessão ou autorização do uso de potencial de energia hidráulica em corpo de água de domínio da União deve ser precedida da obtenção de "declaração de reserva de disponibilidade hídrica", através de ato da ANA (art. 7º, *caput*, da Lei 9.984/2000). Essa providência é obrigatória por parte da ANEEL-Agência Nacional de Energia Elétrica, e a inexistência da mencionada declaração impede a realização da licitação.

A ANA deverá obedecer expressamente ao art. 13 da Lei 9.433/1987 (art. 7º, § 3º, da Lei 9.984/2000), que diz: "Toda outorga estará condicionada às prioridades de uso estabelecidas nos Planos de Recursos Hídricos e respeitar a classe em que o corpo de água estiver enquadrado e a manutenção de condições adequadas ao transporte aquaviário, quando for o caso. Parágrafo único. A outorga de uso dos recursos hídricos deverá preservar o uso múltiplo destes". A Agência Nacional de Águas deverá motivar tanto o deferimento como o indeferimento da declaração da reserva hídrica, atendendo à razoabilidade e proporcionalidade (art. 2º da Lei 9.784, de 29.1.1999). Não é possível a reserva hídrica exclusiva para aproveitamento hidráulico, pois o uso múltiplo dos recursos hídricos está garantido pelo mencionado art. 13 da Lei 9.433/1997.

Obtida a declaração de reserva de disponibilidade hídrica há uma consequência automática: quem receber a concessão ou a autorização de uso do potencial de energia hidráulica receberá a outorga de direito de uso de recursos hídricos (art. 7º, § 2º, da Lei 9.984/2000). Não se há de confundir duas situações: o pedido de declaração de reserva hídrica, que não acarreta automaticamente coisa alguma, e a situação posterior à obtenção da declaração de reserva, que faz surgir, neste caso, o direito à outorga de uso do recurso hídrico.

A declaração de reserva de disponibilidade hídrica para uso do potencial hidráulico deve ter seu pedido e sua emissão publicados no Diário Oficial da União e em jornal de grande circulação na respectiva região (art. 8º da Lei 9.984/2000), valendo os mesmos argumentos expostos no item 6.2.

6.4 Outorga dos direitos de uso da água e Estudo Prévio de Impacto Ambiental

O Estudo Prévio de Impacto Ambiental, além de ser uma exigência constitucional e da legislação brasileira infraconstitucional, é um procedimento indispensável na prevenção dos danos aos recursos hídricos nos atos de controle do Poder Público.

O ato administrativo da outorga dos direitos de uso da água não é um ato isolado da Administração Pública. Nesse sentido, dizem os arts. 29, *caput*, e 30, *caput*, da Lei 9.433/1997 que compete ao Poder Executivo federal e aos Poderes Executivos estaduais e do Distrito Federal "promover a integração da gestão de recursos hídricos com a gestão ambiental" (inciso IV de ambos os artigos).

A "autoridade responsável pela efetivação de outorgas de direito de uso dos recursos hídricos" procurará ter conhecimento sobre se foi ou não exigido o procedimento de Estudo Prévio de Impacto Ambiental. Se esse estudo foi exigido, poderá essa "autoridade" exigir esclarecimentos, vistorias e diligências da equipe multidisciplinar. Será da máxima utilidade que o órgão público responsável pela outorga acompanhe a Audiência Pública que for realizada. O conteúdo dos debates e documentos juntados na Audiência deverá embasar a decisão da outorga dos direitos de uso das águas.

Caso o Estudo Prévio de Impacto Ambiental seja exigível e não tenha sido exigido pelo órgão público ambiental, caberá ao órgão público responsável não conceder a outorga enquanto tal estudo não for devidamente apresentado, sob pena de responsabilização civil e criminal.

Deve-se exigir a apresentação de Estudo Prévio de Impacto Ambiental nas "obras hidráulicas para a exploração de recursos hídricos, tais como: barragem para fins hidrelétricos acima de 10MW, de saneamento ou de irrigação, abertura de canais para navegação, drenagem e irrigação, retificação de cursos d'água, abertura de barras e embocaduras, transposição de bacias, diques" (Resolução CONAMA 1/1986, art. 2º, VII).

A relação apresentada não esgota a possibilidade de exigir-se o estudo, pois aí se indica o mínimo exigível. Se o órgão ambiental ou o órgão responsável pela outorga de usos de recursos hídricos constatar significativa degradação do meio ambiente ou houver potencialidade de degradação do meio ambiente em razão da atividade ou da instalação de determinada obra, conforme a Constituição Federal (art. 225, § 1º, IV), deverá exigir o Estudo Prévio de Impacto Ambiental mesmo que a obra ou a atividade não constem do rol apontado na resolução do CONAMA.

Caso seja prevista a apresentação do licenciamento ambiental após o deferimento da outorga, a autoridade outorgante poderá ter interesse em acompanhar o Estudo Prévio de Impacto Ambiental, pois este estudo terá repercussão na renovação da outorga ou na sua suspensão.

6.5 Outorga dos direitos de uso de recursos hídricos e licenciamento ambiental

Esses dois institutos jurídicos guardam uma grande aproximação, podendo até ser unificados, se para tanto houver interesse da Administração Pública e eficácia de resultados sociais.

Enquanto estiverem diferenciados, assinalamos que a outorga dos direitos de uso tem um campo mais largo do que o licenciamento ambiental. A outorga dos direitos de uso, além do caso concreto do pedido analisado, deve considerar primeiramente o Plano de Recursos Hídricos da bacia hidrográfica, dos Estados e do País. Estando em desacordo com esses Planos, o requerimento de outorga deve ser indeferido.

A apresentação prévia da licença ambiental ou da autorização ambiental dependerá do que constar na legislação ambiental federal, estadual ou municipal pertinente. Ilógico será expedir-se a outorga para "lançamento em corpo de água de esgotos e demais resíduos líquidos ou gasosos, tratados ou não, com o fim de sua diluição, transporte ou disposição final" (art. 12, III, da Lei 9.433/1997), sem que já tenha havido o licenciamento ambiental.

A outorga não exime o outorgado de obter o "licenciamento ambiental", como, por exemplo, apontam os Decretos 41.258, de 31.10.1996, do Estado de São Paulo (art. 5º), e 37.033, de 21.11.1996, do Estado do Rio Grande do Sul (art. 6º).

A integração eficiente entre outorga dos direitos de uso e licenciamento ambiental é o ponto crucial da política nacional de recursos hídricos. Se a outorga for expedida sem a devida articulação com o licenciamento ambiental, violado estará o grande objetivo de assegurar água em adequado padrão de qualidade para a atual e futuras gerações (art. 2º, I, "Dos objetivos", da Lei 9.433/1997). A integração acima referida é uma das diretrizes gerais de ação da Lei 9.433/1997 (art. 3º, III).

6.6 Objetivos da outorga, vinculação, discricionariedade e ônus da prova do requerente

6.6.1 Introdução

O deferimento da outorga está condicionado às prioridades de uso estabelecidas nos Planos de Recursos Hídricos, ao enquadramento do corpo de água, à manutenção de condições adequadas ao transporte aquaviário e à preservação do uso múltiplo dos recursos hídricos (art. 13 e seu parágrafo único da Lei 9.433/1997). O ato administrativo da outorga é de natureza vinculada ou regrada quanto aos aspectos referidos, não podendo o servidor público colocar outros interesses públicos para justificar o deferimento, se as circunstâncias da lei estiverem desatendidas.

Respeitada a parte vinculada do ato administrativo da outorga, este ato poderá conter uma parte discricionária, que deve ter clara e ampla motivação, manifestando a sua "legalidade, moralidade e impessoalidade" (art. 37 da CF), para que não seja arbitrário. A discricionariedade ocorrerá através de uma escolha baseada na maximização de um interesse público não apontado explicitamente na legislação.

O termo *outorga* era utilizado nas Ordenações do Reino no sentido de ser necessária a outorga da mulher para a venda dos bens do casal (Livro 4º, art. 48). A utilização de um termo antigo em tempos modernos leva-nos a refletir que a outorga dos direitos de uso dos recursos hídricos não é um ato que visa a um fim isolado ou solitário. Tem também a finalidade de integrar cada outorga na gestão da bacia hidrográfica. Não se pode deixar de analisar a função social da outorga hídrica concretizada nos interesses e nos direitos de todos os demais usuários da mesma bacia hidrográfica ou até de outras bacias.

6.6.2 Controle quantitativo dos usos da água

A atividade administrativa de outorga deve usar critérios de precaução visando a reduzir e evitar o risco de desastre, entre os quais as secas e as inundações (Lei 12.608/2012). Esses critérios precisam ser objetivos e transparentes para que todos os pretensos usuários das águas e os atuais usuários possam planejar com eficiência. No momento da efetivação da outorga dos direitos de usos das águas o órgão público tem de seguir estritamente a ordem das prioridades explicitadas nos Planos de Recursos Hídricos, não lhe cabendo, em nenhuma hipótese, descumpri-la (art. 13 da Lei 9.433/1997). O órgão público só poderá ter possibilidade de opção, maximizando o interesse público e ambiental, depois de cumprida a escala prioritária referida. Além da prioridade indicada no Plano, os poderes outorgantes (a ANA e órgãos estaduais) estão obrigados a considerar a anterioridade temporal dos pedidos, mesmo nos casos do art. 6º e art. 7º da Lei 9.984/2000.

6.6.3 Controle qualitativo dos usos da água

Cuidar da qualidade é uma tarefa que cabe ao mesmo tempo ao órgão público ambiental como ao órgão gestor das águas, quando esses órgãos forem setores separados na Administração Pública. Essa concomitância de deveres necessita legalmente ser integrada (art. 3º, III, e art. 29, IV, ambos da Lei 9.433/1997). Por isso que a outorga deve respeitar a classe em que o corpo de água estiver enquadrado (art. 13 da Lei 9.433/1997), não se expedindo outorga de lançamento de esgotos que possa comprometer a qualidade de um curso de água (art. 12, III e V, da referida Lei 9.433). As outorgas que violem ou possam violar a qualidade desses corpos de água são nulas e, se a própria Administração não anulá-las, cabe intentar ações judiciais para que o Poder Judiciário decrete a nulidade desses atos.

6.6.4 Efetivo exercício
dos direitos de acesso à água

O regime de outorga dos direitos de uso dos recursos hídricos tem como um de seus três objetivos, o de assegurar "o efetivo exercício dos direitos de acesso à agua" (art. 11 da Lei 9.433/1997). Dois aspectos da regra legal mencionada merecem ser salientados: o primeiro é que a outorga visa a possibilitar o exercício efetivo de um direito, não se deixando esse direito no terreno da não aplicação do direito; segundo, é que a lei não afirma somente a possibilidade de acesso à água, mas é incisiva ao dizer que quer a efetividade do exercício dos direitos de acesso à água. Não se trata de uma faculdade ou eventualidade conceder a outorga, mas, havendo água, o Poder Público não pode equitativamente negar a sua outorga. O art. 11 da Lei é avançado ao afirmar "os direitos dc accsso à água". Receber a água existente não é um favor, ainda que se coloquem legalmente obrigações para essa acessibilidade. Saliento que outorgar ou não o uso da água não é um ato advindo da vontade exclusiva do Poder Público outorgante, isto é, juridicamente não se concebe um posicionamento como "outorgo se eu quiser".

Ao solicitar a outorga dos direitos de uso das águas, cabe ao requerente o ônus de provar a observância das condições exigidas pela legislação, como, também, o outorgante tem o ônus de provar as razões da concessão ou da não concessão da outorga do direito de uso dos recursos hídricos. O sistema de responsabilidade civil dos recursos hídricos é o mesmo sistema vigente para o meio ambiente, aplicando-se a responsabilidade objetiva ou sem culpa (art. 14, § 1º, da Lei 6.938/1981).

6.7 Publicidade do procedimento de outorga e direito à informação

Na implementação do princípio básico do "Sistema de Informações sobre Recursos Hídricos" (art. 26, III – "acesso aos dados e informações garantido a toda sociedade") é de ser aplicado no sistema de procedimento da outorga dos direitos de uso dos recursos hídricos o art. 10, § 1º, da Lei 6.938/1981: "Os pedidos de licenciamento, sua renovação e a respectiva concessão serão publicados no jornal oficial do Estado, bem como em um periódico regional ou local de grande circulação". A outorga dos direitos de uso das águas não é uma "ação entre amigos", em que somente entram em relação o requerente e o órgão público. O procedimento de outorga, para realmente apresentar resultados assecuratórios do interesse geral e da boa gestão das águas, precisa dar oportunidade à efetiva informação social.

Com muita sensibilidade social e ambiental, os legisladores[54] brasileiros inseriram na Lei 9.984/2000 a obrigatoriedade da ampla publicidade na outorga no art. 8º: "A ANA dará publicidade aos pedidos de outorga de direito de uso de recursos hídricos de domínio da União,

---

54. Acolhendo sugestão do Autor, os Deputados Federais Fernando Gabeira e Ronaldo Vasconcelos apresentaram emenda, que resultou no art. 8º da Lei 9.984/2000 (*Água: o Desafio do Terceiro Milênio*, Brasília, Câmara dos Deputados/Coordenação de Publicações, 2000, p. 52).

bem como aos atos administrativos que dele resultarem, por meio de publicação na imprensa oficial e em pelo menos um jornal de grande circulação na respectiva região".

As outorgas de águas de domínio dos Estados também estão sujeitas ao princípio da publicidade, pois este está inserido nos princípios fundamentais da Administração Pública direta e indireta da União, dos Estados, do Distrito Federal e dos Municípios (CF, art. 37, *caput*).[55]

6.8 Outorga dos direitos de uso de recursos hídricos e dever de fiscalizar

A responsabilidade civil, administrativa e criminal do órgão público que emitir a outorga não termina com esse ato. Cumpre a esse órgão público "regulamentar e fiscalizar os usos" (arts. 29, II, e 30, I, da Lei 9.433/1997).

A fiscalização do uso das águas inclui inspeções periódicas. Para isso, o órgão público necessita ter verba para transporte dos servidores públicos, assim como diárias para os mesmos. Caso contrário, a outorga tornar-se-á um ato sem nenhum resultado benéfico para o meio ambiente e para os bons usuários.

Cabe a propositura de ação civil pública visando ao "cumprimento da obrigação de fazer" a fiscalização, pois essa atividade não pode ser efetuada segundo o arbítrio da Administração (Lei 7.347/1985).

6.9 Condições constantes da outorga dos direitos de uso das águas e cobrança do uso

A regulamentação haverá de prever o elenco das condições que deverão constar no ato administrativo da outorga dos direitos de uso das águas. Como exemplo inserimos o art. 31 do Decreto 89.496/1984, que regulamentou a Política Nacional de Irrigação: "As concessões ou autorizações, de que trata esta Seção, deverão especificar a vazão máxima outorgada, a obrigatoriedade de o concessionário ou autorizado implantar e manter infraestrutura de medição de água, tempo de vigência e demais elementos técnico-econômicos relevantes, para caracterizar os direitos e obrigações do beneficiário".

---

55. O requisito de prévia publicação do pedido de outorga constou da minuta do decreto apresentada em 1998 pelo Grupo de Trabalho formado pelos servidores públicos Raimundo S. Garrido, Júlio Ketelhut, Dalvaci Cruz e Fátima Paiva e pelos consultores Jérson Kelman, F. Terra Barth e Paulo Affonso L. Machado.

A transmissão regular e veraz de informações por parte dos usuários sobre a quantidade e a qualidade das águas captadas, derivadas ou aproveitadas e dos lançamentos efetuados é uma condição da vigência da outorga. Seria oportuno que na expedição da outorga constasse o modo da prestação dessas informações.

O cumprimento das condições constantes da outorga dos direitos de uso das águas é condição indispensável para a vigência da referida outorga. Por isso é que o art. 15, I, da Lei 9.433/1997 prevê a possibilidade de ser suspensa a outorga pelo não cumprimento pelo outorgado dos termos da outorga.

"Serão cobrados os usos de recursos hídricos sujeitos à outorga, nos termos do art. 12 desta Lei" (art. 20 da Lei 9.433/1997). Há, pois, uma união entre cobrança e outorga, de tal forma que a cobrança pelo uso dos recursos hídricos mereça ser inserida como uma das condições da outorga dos direitos de uso desses recursos.

6.10 Suspensão da outorga dos direitos de uso de recursos hídricos

A outorga de direito de uso de recursos hídricos poderá ser suspensa parcial ou totalmente, em definitivo ou por prazo determinado, nas seguintes circunstâncias, conforme o art. 15 da Lei 9.433/1997: "I – não cumprimento pelo outorgado dos termos da outorga; II – ausência de uso por três anos consecutivos; III – necessidade premente de água para atender a situações de calamidade, inclusive as decorrentes de condições climáticas adversas; IV – necessidade de prevenir-se ou reverter-se grave degradação ambiental; V – necessidade de se atender a usos prioritários, de interesse coletivo, para os quais não se disponha de fontes alternativas; VI – necessidade de serem mantidas as características de navegabilidade do corpo de água".

Suspende-se a outorga do direito de usar as águas pela superveniência das circunstâncias acima apontadas. São circunstâncias que não existiam no momento da outorga do direito de uso dos recursos hídricos, porque, se essas circunstâncias existissem, a outorga não poderia ter sido legalmente emitida.

A suspensão irá ocorrer pelo advento de circunstâncias que não são de responsabilidade da Administração Pública, nem de responsabilidade do outorgado. É o interesse público geral que torna necessária a suspensão. A medida deverá estar revestida de proporcionalidade e, assim, será por prazo determinado ou definitiva. A suspensão não tem como consequência direito à indenização por parte do outorgado.

Para editar uma medida de suspensão não há necessidade de processo administrativo, como ocorre na punição das infrações. Entretanto, o Poder Público está obrigado, pelo princípio da legalidade, a motivar o ato da suspensão, seja este parcial ou total, por prazo determinado ou definitivo.

O Decreto 89.496, de 29.3.1984 (art. 33, *caput*), que regulamentou a Lei 6.662, de 25.6.1979, que dispôs sobre a Política Nacional de Irrigação, agasalhou o princípio da não indenização nos casos que denomina de extinção de concessão ou autorização de distribuição de águas públicas para fins de irrigação.

6.11 Outorga do direito de uso das águas e aproveitamento dos potenciais hidrelétricos

O aproveitamento dos potenciais hidrelétricos é classificado como uso dos recursos hídricos (art. 12, *caput* e seu inciso IV, da Lei 9.433/1997).

Os recursos têm dupla denominação e concepção na Constituição Federal, quando ela trata dos bens da União. Temos os "rios e quaisquer correntes de água" (art. 20, III) e "os potenciais de energia hidráulica" (art. 20, VIII).

"A outorga e a utilização de recursos hídricos para fins de geração de energia elétrica estarão subordinadas ao Plano Nacional de Recursos Hídricos, aprovado na forma do disposto no inciso VIII do art. 35 desta Lei, obedecida a disciplina da legislação setorial específica" (art. 12, § 2º, da Lei 9.433/1997).

Temos dois tipos de outorga para o uso dos potenciais hídricos ligados à produção da energia elétrica. Primeiramente, a outorga ligada ao uso dos recursos hídricos, que serão colocados em depósito ou em reservatórios (por exemplo, nas barragens, contenções, diques e eclusas), conforme o art. 12, IV, da Lei 9.433/1997, sendo que a autoridade responsável pela efetivação desta outorga será indicada pelo Poder Executivo federal nos recursos hídricos sob domínio da União (art. 29, parágrafo único, da Lei 9.433/1997) e por autoridade responsável designada pelo Poder Executivo dos Estados nos recursos hídricos de domínio dos Estados. Em segundo lugar, a utilização do recurso hídrico como potencial hidráulico dependerá de outorga da Agência Nacional de Energia Elétrica-ANEEL, conforme o art. 3º, II, da Lei 9.427, de 26.12.1996.

O método a ser observado na elaboração do Plano Nacional de Recursos Hídricos foi explanado no item 4.2, acentuando-se que esse Plano deve tomar em consideração os Planos estaduais e os Planos das bacias hidrográficas. O Plano Nacional de Recursos Hídricos é elaborado pelos organismos componentes do Sistema Nacional de Gerenciamento de Recursos Hídricos de acordo com a nova concepção, que é a de o Plano começar nos órgãos da base do sistema, e não "de cima para baixo".

O setor hidrelétrico obedece aos princípios, estratégias, diretrizes e concepções da nova Lei de Política Nacional de Recursos Hídricos, ainda que sua especificidade seja reconhecida. Na outorga para fins de geração de energia elétrica não se aplicará legislação de exceção, não se cogitando nem de favoritismo, nem de juízo preconcebido.

Consoante o entendimento exposto é que há de ser aplicado o art. 52 da Lei 9.433/1997, que consta das "Disposições Gerais e Transitórias": "Enquanto não estiver aprovado e regulamentado o Plano Nacional de Recursos Hídricos, a utilização dos potenciais hidráulicos para fins de geração de energia elétrica continuará subordinada à disciplina setorial específica". Assim, a utilização dos potenciais hidráulicos para fins de geração de energia elétrica, ao aplicar a disciplina setorial específica, não pode ignorar e contrariar os Planos Estaduais de Recursos Hídricos e os Planos de Recursos Hídricos das bacias hidrográficas, mesmo não havendo o Plano Nacional de Recursos Hídricos.

Especial atenção há de ter o órgão público encarregado da outorga para que a Constituição Federal seja fielmente aplicada. Três artigos da Carta Maior do País devem ser especificamente cumpridos: 1º) os espaços especialmente protegidos, como parques nacionais, estaduais e municipais, reservas biológicas, áreas de proteção ambiental, estações ecológicas, somente podem ser alterados ou suprimidos mediante lei (art. 225, § 1º, III); 2º) "o aproveitamento dos recursos hídricos, incluídos os potenciais energéticos, a pesquisa e a lavra das riquezas minerais em terras indígenas só podem ser efetivados com autorização do Congresso Nacional, ouvidas as comunidades afetadas, ficando-lhes assegurada participação nos resultados da lavra, na forma da lei" (art. 231, § 3º); 3º) os sítios detentores de reminiscências históricas dos antigos quilombos foram tombados pela Constituição Federal (art. 216, § 5º) e, portanto, o tombamento não pode ser modificado nem por lei, nem por decreto.

O requerente da outorga – pessoa física ou jurídica, pública ou privada, – deverá provar, antes da outorga, a promulgação da lei competente ou da autorização do Congresso Nacional e o levantamento do tombamento constitucional dos quilombos. São requisitos de legalidade (art. 37 da CF), dos quais não se pode afastar o poder outorgante, sob pena de ser anulada a outorga, inclusive, cabendo concessão de medida liminar pelo Poder Judiciário impedindo qualquer atividade e/ou construção por parte do outorgado.

6.12 Outorga de direitos de uso das águas e lançamento de esgotos

O art. 12, III, da Lei 9.433/1997 afirma que está sujeito a outorga, pelo Poder Público, o lançamento em corpo de água de esgotos e demais resíduos líquidos ou gasosos, tratados ou não, com o fim de sua diluição, transporte ou disposição final.

A Lei de Saneamento Básico – Lei 11.445/2007 – prevê que o saneamento básico abrange também o esgotamento sanitário, "constituído pelas atividades, infraestruturas e instalações de coleta, transporte, tratamento e disposição final adequados dos esgotos sanitários, desde as ligações prediais até o seu lançamento final no meio ambiente" (art. 3º, I, "b"). A inserção dessa norma poderia suscitar dúvida sobre a permanência da regra da obrigatoriedade da outorga, apontada. Contudo, a mesma Lei de Saneamento Básico clarificou a questão, dizendo: "A utilização de recursos hídricos na prestação de serviços públicos de saneamento básico, inclusive na disposição ou diluição de esgotos ou outros resíduos líquidos, é sujeita a outorga de direito de uso, nos termos da Lei n. 9.433, de 8 de janeiro de 1997, de seus regulamentos e das legislações estaduais" (art. 4º, parágrafo único). Dessa forma, a disposição final ou o lançamento de esgotos nos cursos d'água depende de outorga do direito de uso do recurso hídrico. Consequentemente, está sujeita a cobrança (art. 20 da Lei 9.433/1997).

Vale acentuar que as operações anteriores à disposição final do esgoto sanitário – isto é, a coleta, o transporte que não seja através do corpo hídrico e o tratamento – não estão sujeitas à outorga, mas ao controle dos órgãos públicos ambientais.

6.13 Não exigibilidade da outorga dos direitos de uso das águas

"Independem de outorga pelo Poder Público, conforme definido em regulamento: I – o uso de recursos hídricos para a satisfação das necessidades de pequenos núcleos populacionais, distribuídos no meio rural; II – as derivações, captações e lançamentos considerados insignificantes; III – as acumulações de volumes de água consideradas insignificantes" (art. 12, § 1º, da Lei 9.433/1997).

A lei apresenta três situações em que há um direito subjetivo do usuário de usar a água sem a intervenção prévia do Poder Público. A concretização desse direito, entretanto, dependerá de definição em regulamento. Conforme diz a Constituição Federal (art. 84, IV), o Poder Executivo utilizará o decreto e o regulamento para a "fiel execução" da lei.

O regulamento haverá de apontar o número de habitantes que façam parte ou possam vir a fazer parte dos "pequenos núcleos populacionais, distribuídos no meio rural". O critério de insignificância nas hipóteses dos incisos. II e III não é idêntico para todas as bacias hidrográficas, pois deverá levar em conta a diferença de vazão dos corpos de água, as estações do ano, o grau de poluição existente e as metas de melhoria da qualidade hídrica, entre outros fatores.

Não se trata de dispensa de outorga, que ficaria ao juízo discricionário do órgão público. Nas situações do art. 12, § 1º, com a sua explicitação no regulamento, haverá um direito de as pessoas usarem a água. A não obrigatoriedade da expedição da outorga não desobriga o Poder Público de inspecionar e constatar a ocorrência das situações previstas nos incisos transcritos, assim como é seu dever exigir dos não outorgados que se cadastrem.

6.14 Infrações relativas à outorga

Os incisos I e III do art. 49 da Lei 9.433/1997 preveem infrações relativas à outorga, a saber: "derivar ou utilizar recursos hídricos para qualquer finalidade, sem a respectiva outorga de direito de uso", e "utilizar-se dos recursos hídricos ou executar obras ou serviços relacionados com os mesmos em desacordo com as condições estabelecidas na outorga".

O art. 50 prevê quatro tipos de penalidades para as infrações apontadas: advertência, multa, embargo provisório e embargo definitivo. Tanto na advertência como no embargo provisório serão fixados prazos para correção das irregularidades como para a execução de serviços e obras necessários ao efetivo cumprimento das condições de outorga.

A penalidade do embargo definitivo ocasiona a revogação da outorga. Poderá o embargo definitivo ser acrescido da obrigação de "repor incontinenti no seu antigo estado, os recursos hídricos, leitos e margens, nos termos dos arts. 58 e 59 do Código de Águas". Trazendo-se à colação o art. 58 do Código das Águas, vemos que "a Administração Pública respectiva, por sua própria força e autoridade, poderá repor incontinenti no seu antigo estado, as águas públicas, bem como seu leito e margem, ocupados por particulares, ou mesmo pelos Estados ou Municípios".

Assim, ou a Administração Pública faz ela própria a reconstituição do recurso hídrico ou a Administração exigirá que o infrator reconstitua o recurso hídrico, o leito e a margem indevidamente utilizados. A Administração Pública na consecução da obrigação de reconstituição do ambiente hídrico poderá utilizar validamente a ação civil pública.

6.15 Sistema integrado de outorgas

Preconiza-se a adoção de um sistema integrado de outorgas, quando numa mesma bacia hidrográfica for diverso o domínio das águas a montante ou a jusante. No Brasil, diante da existência de águas da União, dos Estados e do Distrito Federal, é preciso buscar-se um procedimento harmonizador das várias outorgas. Espera-se que a regulamentação trate desta matéria.

O sistema integrado de outorgas mereceria ter numa fase a comunicação do pedido de outorga aos outros Poderes Públicos dos corpos hídricos situados a montante e a jusante. Decorrido o prazo da consulta, se todos os Poderes Públicos estivessem de acordo, a outorga seria emitida. Se houvesse desacordo, o procedimento entraria na fase de negociação. Persistindo o desencontro de opiniões, os interessados poderiam buscar instâncias administrativas – o Comitê de Bacia Hidrográfica (art. 38, II, da Lei 9.433/1997) e o Conselho Nacional de Recursos Hídricos (art. 35, II, III e IV, da Lei 9.433/1997).

6.16 Delegação da outorga

"O Poder Executivo Federal poderá delegar aos Estados e ao Distrito Federal competência para conceder outorga de direito de uso de recurso hídrico de domínio da União" (art. 14, § 1º, da Lei 9.433/1997).

Para a delegação ou transferência de seu poder de outorga, a União haverá de verificar se o Estado ou o Distrito Federal têm condições administrativas para bem executar essa tarefa. A delegação da outorga não pode ser imposta à unidade federada delegada. Também, não é um direito a reclamar pela unidade federada.

A delegação da outorga do uso do recurso hídrico de seu domínio não libera a União da corresponsabilidade de zelar pela implementação adequada das normas da outorga. A responsabilidade originária sobre o bom uso dos rios federais é da União, por força da Constituição Federal (art. 20, III). Dessa forma, merece ser inserida na regulamentação norma no sentido de que os Estados e o Distrito Federal comunicarão à União as outorgas concedidas e as medidas de suspensão, de racionamento e medidas punitivas efetuadas.

Ressalte-se que, por prudência e eficácia no controle da outorga, quando houver conflito de usos em um rio federal que banhe dois ou mais Estados, a União deve conservar em suas mãos o poder de outorga, não o delegando, exercendo uma ação pacificadora e integradora nessa área da bacia hidrográfica.

Os argumentos aqui expressos ficam reforçados pelas razões do veto ao § 5º do art. 4º da Lei 9.984/2000.[56] A ANA não tem poderes para delegar suas competências para a outorga de usos dos recursos hídricos da União. Há, portanto, uma revogação implícita do art. 14, § 1º, da Lei 9.433/1997, pois o único órgão federal que poderia fazer a delegação do poder de outorga está impedido, sabiamente, de fazê-lo.

7. COBRANÇA DO USO DE RECURSOS HÍDRICOS

7.1 Finalidade

A cobrança pelo uso dos recursos hídricos objetiva: I – reconhecer a água como bem econômico e dar ao usuário uma indicação de seu real valor; II – incentivar a racionalização do uso da água; III – obter recursos financeiros para o financiamento dos programas e intervenções contemplados nos Planos de Recursos Hídricos (art. 19 da Lei 9.433/1997).

A utilização da cobrança pelo uso dos recursos hídricos é uma das formas de aplicar-se o princípio 16 da Declaração do Rio de Janeiro da Conferência das Nações Unidas para o Meio Ambiente e Desenvolvimento de 1992: "As autoridades nacionais devem esforçar-se para promover a internalização dos custos de proteção do meio ambiente e o uso dos instrumentos econômicos, levando-se em conta o conceito de que o poluidor deve, em princípio, assumir o custo da poluição, tendo em vista o interesse do público, sem desvirtuar o comércio e os investimentos internacionais".

A aplicação do princípio usuário-poluidor-pagador pressupõe a conscientização do público, que tem sido o grande prejudicado pela "internalização dos lucros e externalização dos custos", pois, como acentua Olivier Godard, as empresas são incentivadas pelo mecanismo da concorrência a escapar, tanto quanto possível, da assunção dos ônus associados às suas atividades, sendo esses ônus transferidos para outros agentes, para o Poder Público ou para o meio ambiente.[57]

"Kloepfer especifica o que chama de quatro dimensões do princípio do poluidor-pagador. A dimensão objetiva-racional-econômica, a social-ética-normativa, a político-ambiental e a jurídico-normativa."[58]

---

56. V. em "Agência Nacional de Águas", item 11 deste texto.

57. *Environnement et Développement Durable*, Estrasburgo, Séminaire du Centre National de la Recherche Scientifique, 1991 (documento interno). Os termos "internalização" e "externalização" são neologismos, emprestados à língua inglesa: *internalization*, *externalization* (*Longman Dictionary of Contemporary English*, 1978).

58. Cristiane Derani, *Direito Ambiental Econômico*, São Paulo, Max Limonad, 1997.

O pagamento pelo uso das águas não pode ensejar o aumento ou a multiplicação do poder dos que podem pagá-la, porque as águas devem ser não apropriáveis ou, conforme o direito brasileiro – art. 18 da Lei 9.433/1997 – inalienáveis. O Poder Público outorgante e as entidades prestadoras de serviços públicos não podem pretender aumentar arbitrariamente os lucros (art. 173, § 4º, da CF, e Lei 12.529/2011, que define essa conduta como infração da ordem econômica). A fixação dos valores monetários a serem pagos pelos usos das águas deve estar ligada aos conceitos éticos de serviço à comunidade humana e aos demais seres vivos, de solidariedade e de compaixão, caso contrário, propicia-se o surgimento de uma escravidão hídrica e fomentam-se os conflitos e insurreições, ou até guerras, na repartição das águas.

O princípio da cobrança que a Lei 9.433/1997 introduz para o uso das águas já estava contido genericamente na Lei 6.938/1981, em seu art. 4º, VII, ao dizer que a Política Nacional do Meio Ambiente visará a impor ao usuário uma contribuição pela utilização de recursos ambientais com fins econômicos.

Com acuidade, afirma o jurista argentino Guillermo Cano: "Quem causa a deterioração paga os custos exigidos para prevenir ou corrigir. É óbvio que quem é assim onerado redistribuirá esses custos entre os compradores de seus produtos (se é uma indústria, onerando-a nos preços) ou os usuários de seus serviços (por exemplo, uma Municipalidade em relação a seus serviços de esgotos, aumentando suas tarifas). A equidade dessa alternativa reside em que não pagam aqueles que não contribuíram para a deterioração ou não se beneficiaram dessa deterioração",[59] no caso da cobrança específica pelos lançamentos do art. 21, II, da Lei 9.433/1997.

7.2 Cobrança pelo uso de recursos hídricos e outorga de direitos de uso de recursos hídricos

"Serão cobrados os usos dos recursos hídricos sujeitos a outorga, nos termos do art. 12 desta Lei" (art. 20 da Lei 9.433/1997).

A cobrança fica sujeita à outorga, pois não poderá haver cobrança de atividades e obras clandestinas ou cujos usos não tenham sido outorgados. As Agências de Água terão interesse em fazer a comunicação das atividades e obras não autorizadas ou não concedidas, para que a cobrança possa vir a ser efetuada.

---

59. "Introducción al tema de los aspectos jurídicos del principio contaminador- -pagador", in *El Principio Contaminador-Pagador – Aspectos Jurídicos de su Adopción en América*, Buenos Aires, Editorial Fraterna, 1983.

A outorga dos direitos de uso das águas, como já se expôs, é ato exclusivo do Poder Público.

A cobrança decorre dos usos das águas, não sendo uma punição; e, portanto, não tem relação direta com a imposição das multas.

Os casos em que não é exigível a outorga (art. 12, § 1º, da Lei 9.433/1997) automaticamente indicam a não exigibilidade da cobrança. Não se trata de qualquer isenção de recolhimento, como erroneamente se poderia interpretar o art. 38, V, da lei referida.

Nos casos em que tenha havido suspensão da outorga, no período em que vigorar a suspensão não se efetuará a cobrança. Evidentemente, far-se-á a adequada fiscalização, para que a suspensão não seja burlada.

A cominação da penalidade de embargo definitivo (art. 50, IV, da Lei 9.433/1997) acarreta obrigatoriamente a revogação da outorga. Portanto, ocorrendo o embargo definitivo não se poderá efetuar a cobrança pelo uso dos recursos hídricos.

A aplicação da penalidade de embargo provisório (art. 50, III, da Lei 9.433/1997) tem caráter cominatório, pois visa ou à "execução de serviços e obras necessárias ao efetivo cumprimento das condições de outorga" ou tem a finalidade de levar ao "cumprimento de normas referentes ao uso, controle, conservação e proteção dos recursos hídricos". O embargo provisório irá impedir o uso dos recursos hídricos no prazo de sua vigência. Não suspende nem revoga a outorga, e, portanto, não confere ao outorgado o direito a deixar de pagar os valores referentes ao uso dos recursos hídricos, uma vez que, estando vigente a outorga, está, também, vigente a obrigação de cobrança, conforme o art. 20, mencionado.

7.3 Cobrança pelo uso de recursos hídricos pelas concessionárias de energia elétrica

A CF previu no art. 20, § 1º: "É assegurada, nos termos da lei, aos Estados, ao Distrito Federal e aos Municípios, bem como a órgãos da Administração direta da União, participação no resultado da exploração de petróleo ou gás natural, de recursos hídricos para fins de geração elétrica e de outros recursos minerais no respectivo território, plataforma continental, mar territorial ou zona econômica exclusiva, ou compensação financeira por essa exploração". A exploração de recursos hídricos para fins de geração elétrica dá direito à participação nos resultados dessa exploração ou dá direito à compensação financeira por essa exploração.

A lei que tratou primeiramente da matéria, como manda a Constituição Federal, foi a Lei 7.990, de 28.12.1989, que previu: "A compensação financeira pela utilização de recursos hídricos, para fins de energia elétrica, será de 6% sobre o valor da energia produzida, a ser paga pelos concessionários de serviço de energia elétrica aos Estados, ao Distrito Federal e aos Municípios, em cujos territórios se localizarem instalações destinadas à produção de energia elétrica, ou que tenham áreas invadidas por águas dos respectivos reservatórios".

O art. 20, § 1º, da CF, mencionado, introduz como novidade a coparticipação dos órgãos da Administração direta da União (a Secretaria dos Recursos Hídricos do Ministério do Meio Ambiente e o Departamento Nacional de Águas e Energia Elétrica-DNAEE, atualmente ANEEL, do Ministério de Minas e Energia), dos Estados, do Distrito Federal e dos Municípios nos lucros das concessionárias de energia elétrica, pelo único fato de explorarem recursos hídricos. No caso do art. 20, § 1º, da CF, as concessionárias de energia elétrica devem pagar pela obtenção de resultados ou de lucros, o que não se confunde com pagar pelo simples uso da água. Supondo-se que a exploração dos recursos hídricos para fins de geração de energia elétrica não desse lucros, nem por isso a obrigação de pagar o uso da água ficaria afastada (art. 20, c/c o art. 12, ambos da Lei 9.433/1997). O mesmo princípio aplica-se a outros usos da água (por exemplo, atividade industrial, irrigação), pois mesmo que haja coparticipação nos lucros, seja do Poder Público ou dos empregados, ou que haja prejuízo no exercício da atividade, o uso dos recursos hídricos deve ser pago.

7.4 Fixação dos valores a serem cobrados

"Na fixação dos valores a serem cobrados pelo uso dos recursos hídricos devem ser observados, dentre outros: I – nas derivações, captações e extrações de água, o volume retirado e seu regime de variação; II – nos lançamentos de esgotos e demais resíduos líquidos ou gasosos, o volume lançado e seu regime de variação e as características físico-químicas, biológicas e de toxicidade do afluente" (art. 21 da Lei 9.433/1997).

O volume e seu regime de variação é o primeiro dado a ser levado em conta tanto na utilização de águas superficiais e de águas subterrâneas como nos lançamentos de esgotos e demais resíduos líquidos ou gasosos.

O segundo dado a ser ponderado na fixação dos valores diz respeito ao afluente, sua toxicidade e suas características físico-químicas e biológicas. Os lançamentos analisados na sua recepção no corpo de água são afluentes, e os analisados no ponto de sua emissão são efluentes. Efluente é o material que flui de "um sistema de coleta, de transporte, como tubulações, canais, reservatórios, elevatórios ou de um sistema de tratamento ou disposição final", parafraseando a definição do *Glossário de Termos Usuais em Ecologia*. A definição aponta como conteúdo do efluente "água ou outro líquido".

A análise físico-química, biológica e a referente à toxicidade do efluente, procedidas na fixação dos valores, são independentes das normas de emissão dos efluentes determinadas pelos órgãos ambientais. Todos os lançamentos deverão ser cobrados, estejam ou não nos limites das normas de emissão, isto é, os lançamentos que observarem as normas de emissão pagarão, como também pagarão os lançamentos acima das normas de emissão. A novidade, portanto, da lei é que mesmo a poluição autorizada pelos órgãos oficiais deve ser incluída no pagamento pelo uso das águas.

Caberá à ANA "elaborar estudos técnicos para subsidiar a definição, pelo Conselho Nacional de Recursos Hídricos, dos valores a serem cobrados pelo uso de recursos hídricos de domínio da União, com base nos mecanismos e quantitativos sugeridos pelos Comitês de Bacia Hidrográfica, na forma do inciso VI do art. 38 da Lei n. 9.433, de 1997" (art. 4º, VI, da Lei 9.984/2000). Temos, assim, duas instâncias para estudar os valores da cobrança pelo uso dos recursos hídricos da União – os Comitês de Bacias Hidrográficas e a Agência Nacional de Águas – e uma instância para definir os valores – o Conselho Nacional de Recursos Hídricos.

Nada impede que o Conselho Nacional de Recursos Hídricos fixe um valor para a cobrança da captação, da derivação e da extração de águas e do aproveitamento do potencial hidráulico de uma parte, e doutra parte fixe valor diferente para o lançamento de esgotos e matérias poluentes. Essa é a prática nas *Agences de l'Eau* na França, onde há redevance de prélèvement e redevance de pollution.

7.5 As receitas da cobrança nos rios de domínio da União e a Conta Única do Tesouro Nacional

"As receitas provenientes da cobrança pelo uso de recursos hídricos de domínio da União serão mantidas à disposição da ANA, na Conta Única do Tesouro Nacional, enquanto não forem destinadas para as respectivas programações" (art. 21, *caput*, da Lei 9.984/2000).

As receitas arrecadadas em uma determinada bacia ou sub-bacia hidrográfica ficarão na Conta Única do Tesouro Nacional, mas "à disposição da ANA". Essa expressão merece ser entendida de acordo com o próprio significado literal, isto é, a Agência Nacional de Águas é que movimentará esses recursos e não o Ministério do Meio Ambiente ou o da Fazenda. As receitas disponíveis poderão ser mantidas em aplicações financeiras, conforme a regulamentação (art. 21, § 2º, da Lei 9.984/2000).

As receitas advindas das bacias ou sub-bacias hidrográficas deverão ter essa origem identificada. Essa identificação contábil, evidentemente, visa a facilitar o retorno da receita. Nesse sentido o art. 21, § 1º, da Lei 9.984/2000: "A ANA manterá registros que permitam correlacionar as receitas com as bacias em que foram geradas, com o objetivo de cumprir o estabelecido no art. 22 da Lei n. 9.433, de 1997".

O registro da correlação das receitas com as bacias hidrográficas em que foram geradas deverá guiar a Diretoria Colegiada na liberação de recursos, sendo a Diretoria responsável por qualquer desvio no dever de retornar os valores para as aplicações programadas nas Agências de Água (art. 44, XI, "b", da Lei 9.433/1997) e autorizadas pelos Comitês de Bacia Hidrográfica (art. 44, XI, da referida lei).

7.6 Aplicação dos valores arrecadados com a cobrança pelo uso de recursos hídricos

7.6.1 Aplicação prioritária na bacia hidrográfica

Ao referir o art. 22, *caput*, da Lei 9.433/1997 que "os valores arrecadados com a cobrança pelo uso de recursos hídricos serão aplicados prioritariamente na bacia hidrográfica em que foram gerados", não se exclui a hipótese de aplicação fora da bacia hidrográfica.

À Agência Nacional de Águas caberá "arrecadar, distribuir e aplicar receitas auferidas por intermédio da cobrança de uso de recursos hídricos de domínio da União, na forma do disposto no art. 22 da Lei n. 9.433, de 1997" (art. 4º da Lei 9.984/2000).

Não caiu, contudo, no campo da discricionariedade a aplicação dos valores arrecadados com a cobrança pelo uso dos recursos hídricos. Em primeiro lugar, se houver necessidade do emprego dos recursos na bacia hidrográfica em que os valores foram gerados, o termo "prioridade" determina que é nessa bacia, e não noutra, que os valores devem ser utilizados. Em segundo lugar, os recursos financeiros estão vinculados aos Planos de Recursos Hídricos, conforme manda o art. 19, III, da lei estudada. Nenhuma autoridade, seja de que nível for, pode contrariar as diretrizes explicitadas tanto no Plano de Recursos Hídricos como no plano de aplicação (art. 44, XI, "c", da lei comentada). Assim, para aplicarem os valores referidos fora da bacia hidrográfica em que foram gerados é necessária a inclusão dessa anuência prévia nos Planos apontados. Fora daí, resvala-se para a ilegalidade.

7.6.2 Critérios de utilização
dos valores arrecadados com a cobrança
pelo uso de recursos hídricos

7.6.2.1 Financiamento de estudos, programas, projetos e obras incluídos nos Planos de Recursos Hídricos

O financiamento pode ser, pelo menos, de dois tipos: com prazo para pagamento a ser efetuado pelo financiado e "a fundo perdido". O segundo tipo está previsto no art. 22, § 2º, da Lei 9.433/1997: "Os valores previstos no *caput* deste artigo poderão ser aplicados a fundo perdido em projetos e obras que alterem, de modo considerado benéfico à coletividade, a qualidade, a quantidade e o regime de vazão de um corpo de água".

Os Planos de Recursos Hídricos e o plano de aplicação dos recursos arrecadados com a cobrança pelo uso de recursos hídricos serão os instrumentos adequados para fazer a escolha da forma do financiamento. Portanto, não será de forma precipitada que as Agências de Água e os Comitês de Bacia Hidrográfica farão a aplicação dos valores arrecadados.

7.6.2.2 Objeto do financiamento

Os valores arrecadados com a cobrança pelo uso de recursos hídricos serão utilizados: "I – no financiamento de estudos, programas, projetos e obras incluídos nos Planos de Recursos Hídricos; II – no pagamento de despesas de implantação e custeio administrativo dos órgãos e entidades integrantes do Sistema Nacional de Gerenciamento de Recursos Hídricos" (art. 22 da Lei 9.433/1997).

É de ser levantada uma questão: a elaboração do Plano de Recursos Hídricos seria paga sob qual fundamento? Temos que distinguir entre o primeiro Plano de Recursos Hídricos de uma bacia hidrográfica e os Planos subsequentes. O primeiro Plano parece-nos que deva ser pago com base no art. 22, II, quando autoriza a implantação dos órgãos e entidades do Sistema Nacional de Gerenciamento de Recursos Hídricos. Não nos parece que se possa pagar o custo da elaboração do primeiro Plano com base no inciso I do art. 22, uma vez que o pagamento refere-se a "estudos, programas, projetos e obras incluídos nos Planos de Recursos Hídricos". O primeiro Plano irá propor o financiamento de estudos que irão fundamentar o segundo Plano de Recursos Hídricos, e daí por diante. Esses estudos poderão ser enquadrados no tipo de financiamento "a fundo perdido", uma vez que os Planos sejam considerados benéficos à coletividade.

Considerando o art. 22, § 2º, da Lei 9.433/1997, constatamos que 92,5% do total arrecadado devem ser aplicados na consecução das finalidades previstas no Plano, exceto pessoal dos órgãos do Sistema.

7.6.2.3 Os órgãos do Sistema Nacional de Gerenciamento de Recursos Hídricos e o limite das despesas de implantação e de custeio administrativo

A lei foi sábia ao dispor que os órgãos gestores dos recursos hídricos – que são instrumentos – não se convertessem em fins.

Os fins ou os resultados da Política Nacional de Recursos Hídricos têm a primazia no *quantum* a ser repartido. Os órgãos e entidades gestoras terão que atuar com um pessoal mínimo e com despesas contidas pela própria lei.

Não foi previsto pela lei – e é uma matéria a ser apreciada em regulamento – o modo como serão partilhados os recursos entre todos os componentes do Sistema Nacional de Gerenciamento de Recursos Hídricos. Não há obrigatoriedade de que a divisão dos recursos de custeio seja feita no Plano de Recursos Hídricos, mas, também, nada impede que seja feita essa destinação de recursos no próprio Plano.

Interessa apontar que, para a Secretaria de Recursos Hídricos do Ministério do Meio Ambiente e para o DNAEE-Departamento Nacional de Águas e Energia Elétrica (atualmente ANEEL) do Ministério de Minas e Energia, já existem os recursos distribuídos segundo o art. 1º da Lei 8.001/1990, com a redação que lhe deu o art. 54 da Lei 9.433/1997.

A lei em exame inovou, colocando as organizações civis de recursos hídricos como integrantes do Sistema Nacional de Gerenciamento dos Recursos Hídricos (art. 48). E vê-se no art. 22, II, da Lei 9.433/1997 que não só os órgãos públicos serão aquinhoados com o custeio administrativo, como também as "entidades" mencionadas no art. 47 da referida lei.

7.7 Cobrança pelo uso de recursos hídricos e existência de Plano de Recursos Hídricos

"A cobrança pelo uso de recursos hídricos objetiva: I – reconhecer a água como bem econômico e dar ao usuário uma real indicação de seu real valor; II – incentivar a racionalização do uso da água; III – obter recursos para o financiamento dos programas e intervenções contemplados nos Planos de Recursos Hídricos" (art. 19 da Lei 9.433/1997).

Dos três objetivos, é o terceiro que tem um modo já instituído pela própria lei para ser levado à prática. A obtenção dos recursos financeiros será feita conforme o Plano de Recursos Hídricos.

No item dedicado aos Planos de Recursos Hídricos explanou-se sobre seu conteúdo. Sem a existência do Plano de Recursos Hídricos não existe modo legal de aplicarem-se os recursos arrecadados pelo uso dos recursos hídricos. Razoável entender-se que se torna ilegal a cobrança pelo uso dos recursos hídricos se não existir o Plano de Recursos Hídricos ou este Plano for inadequado ou incompleto.

7.8 Natureza jurídica dos valores arrecadados pelo uso dos recursos hídricos

Antes do advento da Lei 9.433/1997, já o Decreto 89.496, de 29.3.1984, dispondo sobre a regulamentação da Política Nacional de Irrigação, tratou da matéria: "A utilização de águas públicas, para fins de irrigação e atividades decorrentes, em virtude das concessões ou autorizações de que trata o art. 23 deste Regulamento, está condicionada à disponibilidade de recursos hídricos e dependerá de remuneração a ser fixada pelo Ministério do Interior, observados os seguintes critérios: I – a remuneração será paga anualmente, pelo beneficiário, com base na vazão máxima outorgada e não será inferior ao Maior Valor de Referência-MVR, para os concessionários; II – os autorizados pagarão 50% (cinquenta por cento) dos valores estabelecidos para os concessionários".

A remuneração estabelecida para águas utilizadas na irrigação já caracterizava seu caráter extrafiscal. Da mesma forma, o sistema de cobrança instituído pela Lei 9.433/1997 não tem natureza tributária. Assim, ao instituir-se a cobrança pelo uso das águas não se criou imposto, taxa ou contribuição de melhoria.

De outro lado, não se instituiu para o gerenciamento hídrico nenhuma empresa ou fundação instituída ou mantida pelo Poder Público, como, também, a União não detém, direta ou indiretamente, a maioria do capital social com direito a voto. Ausentes as situações previstas pelo art. 165 da CF, os valores arrecadados pelo uso dos recursos hídricos não entram no orçamento fiscal referente aos Poderes da União, nem no orçamento de investimento das empresas em que a União tenha a maioria do capital social.

Sobre a matéria manifestou-se, com grande talento, o Prof. José Marcos Domingues de Oliveira: "Estamos convencidos de que a vinculação da receita da tributação ambiental decorre da sua natureza extrafiscal e é constitucionalmente legítima, não incidindo o princípio orçamentário formal da não afetação da receita, que rege apenas os impostos da tributação fiscal".[60]

8. SISTEMA DE INFORMAÇÕES SOBRE RECURSOS HÍDRICOS

A Lei 9.433/1997 dedicou três artigos à informação sobre recursos hídricos. Agiu bem a lei ao abordar o tema, pois sem informação não se implementará uma Política de Recursos Hídricos respeitadora do interesse coletivo.

Ao criar um "Sistema de Informações sobre Recursos Hídricos" a lei está procurando articular as informações, para que não fiquem dispersas e isoladas. Os organismos integrantes do Sistema Nacional de Gerenciamento dos Recursos Hídricos terão obrigação de fornecer todos os dados ao Sistema de Informações sobre Recursos Hídricos (art. 25, parágrafo único, da Lei 9.433/1997). Não haverá, portanto, informações privilegiadas e secretas nos órgãos de recursos hídricos, nem que os mesmos estejam submetidos a regime de Direito Privado.

O Sistema de Informações sobre Recursos Hídricos "é um sistema de coleta, tratamento, armazenamento e recuperação de informações sobre recursos hídricos e fatores intervenientes em sua gestão" (art. 25 da lei cit.).

Entre os dados que o Sistema de Informações sobre Recursos Hídricos deverá coletar estão aqueles referentes aos pedidos e deferimentos de outorgas dos direitos de uso (art. 12 e seus cinco incisos da Lei 9.433/1997),[61] como, também, o "cadastro dos usuários" (art. 44, II, da lei cit.).

O mencionado Sistema de Informações funcionará imbuído de três princípios: descentralização na obtenção e produção de dados e informações, coordenação unificada do Sistema e garantia de acesso às informações para toda a sociedade (art. 26 da Lei 9.433/1997).

O Poder Executivo federal deverá implantar e gerir o Sistema de Informações em âmbito nacional (art. 29, III), o Poder Executivo estadual e do Distrito Federal da mesma forma em âmbito estadual (art. 30, III), e as Agências de Água na sua área de atuação (art. 44, VI).

À ANA passou a caber a organização, implantação e gestão do Sistema Nacional de Informações sobre Recursos Hídricos (art. 4º, XIV, da Lei 9.984/2000).

---

60. *Direito Tributário e Meio Ambiente*, Rio de Janeiro, Renovar, 1995.
61. V., neste Texto, o item "6.7 Publicidade do procedimento de outorga e direito à informação".

No dever de coletar a informação, os órgãos do Sistema Nacional de Gerenciamento dos Recursos Hídricos têm o direito de receber a informação de todos os usuários das águas. Esse dever de informar do usuário é básico para que o Sistema possa funcionar e é uma das condições para a vigência da outorga dos direitos de uso dos recursos hídricos.

Comparando-se os arts. 25 e 26 com o art. 27, todos da Lei 9.433/1997, na parte dos respectivos enunciados, vemos que nos arts. 25 e 26 não constou o termo "nacional" na locução "Sistema de Informações sobre Recursos Hídricos", sendo que no art. 27 constou "Sistema Nacional de Informações sobre Recursos Hídricos", conforme a edição do *DOU* de 9.1.1997. Os arts. 25 e 26 têm como destinatários os Serviços de Informações de Recursos Hídricos de âmbito nacional como também estadual e do Distrito Federal (v. os arts. 29, III, e 30, III). Já o art. 27 aplica-se somente ao Sistema Nacional de Informações sobre Recursos Hídricos.

Não se estruturou a transmissão da informação no procedimento da outorga dos direitos de uso das águas. Sem uma permanente troca de informações e, especialmente, com momentos no procedimento em que a divulgação dos dados seja obrigatória, as boas intenções da lei dificilmente serão implementadas.

O art. 27 da lei analisada aponta como objetivos do Sistema Nacional de Informações sobre Recursos Hídricos: reunir, dar consistência e divulgar informações sobre a qualidade e a quantidade dos recursos hídricos; atualizar permanentemente as informações sobre demanda e disponibilidade de águas em todo o território nacional; fornecer subsídios para a elaboração dos Planos de Recursos Hídricos.

9. SISTEMA NACIONAL DE GERENCIAMENTO DE RECURSOS HÍDRICOS

O conjunto de órgãos e entidades que atuam na gestão dos recursos hídricos no Brasil é chamado de "Sistema Nacional de Gerenciamento de Recursos Hídricos". A denominação foi dada pela Constituição Federal (art. 21, XIX) e repetida no Tít. II da Lei 9.433/1997.

O fato de a Constituição Federal ter inserido o tema em seu texto tem como imediata consequência a obrigação para a União, os Estados, o Distrito Federal e os Municípios de articularem-se na gestão das águas. A existência de um Sistema Hídrico não elimina a autonomia dos entes federados; mas, olhando-se para o art. 18, *caput*, da referida CF, vê-se que a autonomia existe "nos termos desta Constituição". Assim, União, Estados, Distrito Federal e Municípios são autônomos e, ao mesmo tempo, obrigatoriamente integrados no "Sistema Nacional de Gerenciamento de Recursos Hídricos".

A existência constitucional deste "Sistema Nacional" não permite que os Estados organizem a cobrança pelos diferentes usos dos recursos hídricos sem a implementação das Agências de Água (com a exceção do art. 51 da Lei 9.433/1997) e a instituição dos Comitês de Bacias Hidrográficas. Não há um "Sistema Federal de Recursos Hídricos" e um "Sistema Estadual de Recursos Hídricos" isolados e com regras não convergentes. Os Estados e o Distrito Federal poderão adaptar estas instituições hídricas às suas peculiaridades, desde que respeitem as características gerais do "Sistema Nacional" e dos Comitês e das Agências referidos, que estão apontadas na Lei 9.433/1997.

Uma ação articulada e eficaz necessitará de permanente esforço cooperativo de todos os integrantes do Sistema, pois este se defrontará com desigualdades de desenvolvimento regional e com a duplicidade do domínio das águas.

O termo "sistema" é originário do grego, significando conjunto.[62] Sistema é conceituado como "disposição das partes ou dos elementos de um todo, coordenados entre si, e que funcionam com estrutura organizada";[63] "combinação de partes que se coordenam para concorrer a um resultado ou de modo a formar um conjunto";[64] "grupo formado por elementos que interagem, inter-relacionados e interdependentes";[65] ou "conexão de elementos em um todo orgânico e funcionalmente unitário".[66]

O Sistema Nacional de Gerenciamento de Recursos Hídricos tem como objetivos fixados na Lei 9.433/1997 (art. 32): I – coordenar a gestão integrada das águas; II – arbitrar administrativamente os conflitos relacionados com os recursos hídricos; III – implementar a Política Nacional de Recursos Hídricos; IV – planejar, regular e controlar o uso, a preservação e a recuperação dos recursos hídricos; e V – promover a cobrança pelo uso de recursos hídricos.

O conceito de Sistema Hídrico é um imperativo da natureza, pois os cursos de água, na maioria das vezes, não terminam num Município ou num Estado ou, mesmo, num País. A potamologia leva-nos ao estudo

---

62. *Petit Larousse Illustré*, Paris, Librairie Larousse, 1978; e Albert Dauzat, *Dictionnaire Étymologique*, Paris, Librairie Larousse, 1938.
63. *Novo Dicionário da Língua Portuguesa*, cit.
64. *Petit Larousse Illustré*, cit.
65. *The American Heritage Dictionary of the English Language*, Boston, American Heritage Publishing Co., 1969.
66. *Vocabolario della Lingua Italiana*, Firenze, Felice Le Monnier, 1994.

de águas interligadas e não de águas separadas, cuja gestão deva ser decidida isoladamente.

Chegaremos a ter sistemas continentais de recursos hídricos, integrando os diversos Países de uma mesma bacia hidrográfica. O Tratado da Bacia do Prata é um passo neste processo, que teremos que prosseguir, com uma gestão participativa e transparente.

A gestão das águas é descentralizada no Sistema Nacional de Recursos Hídricos, mas não pode ser antagônica e descoordenada. As Agências de Água, os Comitês de Bacia Hidrográfica, os Conselhos Estaduais de Recursos Hídricos e o Conselho Nacional de Recursos Hídricos são ligados por laços de hierarquia e de cooperação. O arbitramento dos possíveis conflitos de águas não será feito somente pelo Poder Judiciário, mas passa a ter instâncias administrativas anteriores – as do próprio Sistema Nacional de Gerenciamento de Recursos Hídricos.

10. CONSELHO NACIONAL DE RECURSOS HÍDRICOS

10.1 Composição do Conselho Nacional de Recursos Hídricos

"O número de representantes do Poder Executivo federal não poderá exceder à metade mais um do total dos membros do Conselho Nacional de Recursos Hídricos" (art. 34, parágrafo único, da Lei 9.433/1997). O Conselho foi objeto de regulamentação pelo Decreto 4.613/2003.[67]

O Poder Executivo federal tem a maioria dos votos no Conselho Nacional de Recursos Hídricos. No Conselho Nacional do Meio Am-

---

67. O Conselho Nacional de Recursos Hídricos está composto por 59 conselheiros, a saber: o Ministro de Estado do Meio Ambiente, que o presidirá, e um representante dos seguintes Ministérios: Agricultura, Agropecuária; Ciência, Tecnologia, Inovações e Comunicações; Cidades; Cultura; Defesa; Educação; Fazenda; Indústria, Comércio Exterior e Serviços; Integração Nacional; Meio Ambiente; Minas e Energia; Planejamento, Desenvolvimento e Gestão; Relações Exteriores; Saúde; Transportes, Portos e Aviação Civil; Desenvolvimento, Indústria e Comércio Exterior; Justiça e Segurança Pública; Turismo; Secretaria Especial da Agricultura Familiar e do Desenvolvimento Agrário; Secretaria Especial de Políticas para as Mulheres; dez representantes titulares dos Conselhos Estaduais de Recursos Hídricos; doze representantes titulares de usuários de recursos hídricos; quatro representantes titulares de organizações civis de recursos hídricos; dois representantes titulares de organizações não governamentais. Atualmente, O Governo Federal tem 31 conselheiros titulares, os governos estaduais, dez membros titulares e o setor civil, 18 titulares (<www.cnrh.gov.br/index.php?option=com_content&view=article&id=99:composicao-cnrh&catid=1:o-conselho-nacional-de-recursos-hidricos-cnrh>; acesso em 14.12.2017).

biente-CONAMA, com bons resultados para o meio ambiente brasileiro, o Governo Federal nunca teve a maioria dos votos.

Diferentemente do CONAMA, onde todas as unidades federadas estão representadas, o Conselho Nacional de Recursos Hídricos terá representantes indicados pelos Conselhos Estaduais de Recursos Hídricos. Assim, não será obrigatoriamente integrado por todos os Conselhos Estaduais.

Nota-se a ausência de representantes dos Comitês de Bacias Hidrográficas. Inviável seria a presença de todos os Comitês, mas essa categoria do Sistema de Recursos Hídricos deveria estar representada, para expor sua experiência e suas pretensões. A representação dos usuários e das organizações civis de recursos hídricos não preenche o espaço institucional a ser ocupado pelos Comitês de Bacias Hidrográficas.

As Agências de Água – base do sistema – mereceriam ser também representadas no Conselho Nacional de Recursos Hídricos.

10.2 *Competência do Conselho Nacional de Recursos Hídricos*

O art. 35 da Lei 9.433/1997 dispôs sobre a matéria em seus incisos, tendo sido vetado o inciso VIII. A Lei 9.984/2000 acrescenta competência ao Conselho, que examinaremos no item XII.

I – O Conselho promoverá a articulação do planejamento de recursos hídricos com os planejamentos nacional, regional, estaduais e dos setores usuários. Não é uma competência exclusiva do Conselho Nacional de Recursos Hídricos, pois os Conselhos Estaduais, os Comitês de Bacia Hidrográfica e as Agências de Água deverão também fazer planejamento integrado com os demais Planos de outros setores. A Lei 9.984/2000, em seu art. 2º, repetindo as palavras do inciso I do art. 35 da Lei 9.433/1987, amplia a função do Conselho, acrescentando que a ele caberá também "formular a Política Nacional de Recursos Hídricos, nos termos da Lei n. 9.433, de 8 de janeiro de 1997".

II – O Conselho arbitrará, em última instância administrativa, os conflitos existentes entre os Conselhos Estaduais de Recursos Hídricos.

O Conselho também será competente para conhecer dos recursos interpostos contra os Comitês de Bacia Hidrográfica de rios de domínio da União ou de Comitês de Bacia Hidrográfica compostos de rios de domínio da União e dos Estados. Essa é a nossa interpretação do art. 38, parágrafo único, da Lei 9.433/1997.

Se houver lesão ou ameaça a direito, a decisão do Conselho Nacional de Recursos Hídricos não exclui a apreciação do Poder Judiciário (art. 5º, XXXV, da CF), desde que haja a devida ação judicial.

III – O Conselho deliberará sobre os projetos de aproveitamento de recursos hídricos cujas repercussões extrapolem o âmbito dos Estados em que serão implantados. Não tem sentido admitir-se que o Conselho Nacional de Recursos Hídricos vá enfraquecer os Planos de Recursos Hídricos e nem que esta competência vá anular o elemento fundamental da Política Nacional de Recursos Hídricos – a bacia hidrográfica. Um inciso não pode aniquilar todo o espírito e a letra da Lei 9.433/1997. É razoável entender-se que o Conselho Nacional de Recursos Hídricos delibere sobre o Plano Nacional de Recursos Hídricos (art. 8º da lei comentada), da mesma forma que irá acompanhar a execução desse Plano, como determinará providências para o cumprimento de suas metas (art. 35, IX).

IV – O Conselho deliberará sobre as questões que lhe tenham sido encaminhadas pelos Conselhos Estaduais de Recursos Hídricos ou pelos Comitês de Bacia Hidrográfica. No tocante a Comitês de Bacia Hidrográfica abrangendo exclusivamente águas dos Estados não nos parece que possam enviar "questões" diretamente ao Conselho Nacional dos Recursos Hídricos, pois isto representaria a anulação da instância natural, que seria o Conselho Estadual de Recursos Hídricos, como se depreende do art. 38, parágrafo único, da Lei 9.433/1997: "Das decisões dos Comitês de Bacia Hidrográfica caberá recurso ao Conselho Nacional ou aos Conselhos Estaduais de Recursos Hídricos, de acordo com sua esfera de competência".

No caso de conflito entre Comitês de Bacia Hidrográfica de rios de domínio da União será competente o Conselho Nacional de Recursos Hídricos, conforme a parte final do art. 35, IV.

V – O Conselho analisará as propostas de alteração da legislação pertinente a recursos hídricos e à Política Nacional de Recursos Hídricos. Essa função consultiva do Conselho Nacional de Recursos Hídricos é relevante para que haja uma discussão no próprio Sistema Nacional de Gerenciamento dos Recursos Hídricos antes que se produzam mudanças da legislação hídrica.

VI – O Conselho estabelecerá diretrizes complementares para implementação da Política Nacional de Recursos Hídricos, aplicação de seus instrumentos e atuação do Sistema Nacional de Gerenciamento de Recursos Hídricos. Saliente-se a competência constante da locução "diretrizes complementares": o Conselho Nacional de Recursos Hídricos não criará normas soltas e totalmente novas, pois está sujeito à Lei 9.433/1997 e a regulamentação.

VII – O Conselho tem competência para aprovar propostas de instituição dos Comitês de Bacia Hidrográfica, como também para estabelecer critérios gerais para a elaboração de seus regimentos. O Conselho Nacional de Recursos Hídricos haverá de elaborar normas básicas para aprovar ou desaprovar a instituição dos Comitês referidos, para que suas decisões possam ser justas e coerentes, e não de acordo somente com as transitórias injunções políticas. A motivação da aprovação ou da desaprovação é elemento indispensável da legalidade do ato, conforme o art. 37 da CF.

VIII – O inciso vetado pelo Presidente da República tem o seguinte teor: "aprovar o Plano Nacional de Recursos Hídricos e encaminhá-lo ao Presidente da República, para envio, na forma de projeto de lei, ao Congresso Nacional". Constou nas razões de veto: "A aprovação dos Planos Nacionais de Recursos Hídricos por lei implicará a descontinuidade do processo decisório da gestão desses recursos. Isso comprometerá o setor elétrico, pois a inclusão ou exclusão de qualquer aproveitamento poderá obrigar a reprogramação do todo". Ainda foi dito que "a aprovação do Plano Nacional pelo Conselho Nacional de Recursos Hídricos, que é abrangida pelo veto, poderá, sem qualquer prejuízo, constar do regulamento da Lei".

A Presidência da República, ao apor o seu veto, traduziu a reivindicação do setor, que não pretende a aprovação do Plano Nacional de Recursos Hídricos por lei.

IX – O Conselho passou a ter competência para aprovar o Plano Nacional de Recursos Hídricos (Lei 9.984/2000, art. 31) e acompanhar sua execução, determinando providências necessárias ao cumprimento de suas metas.

X – O Conselho tem competência para estabelecer critérios gerais para a outorga de direitos de uso de recursos hídricos e para a cobrança por seu uso. O Conselho Nacional de Recursos Hídricos, ao estabelecer critérios para a outorga e para a cobrança, obedecerá a esta lei e à regulamentação existente. Os "critérios gerais" que o Conselho determinar vão constituir "normas gerais" previstas no art. 24, § 1º, da CF, que são obrigatórias para os Conselhos Estaduais de Recursos Hídricos e para os Comitês de Bacia Hidrográfica de águas de domínio da União, os Comitês de águas de domínio dos Estados e os Comitês de águas de domínio da União e dos Estados. A Lei 9.984/2000, em seu art. 4º, VI, ao especificar as atribuições da ANA, acabou por tornar explícita mais uma competência do Conselho Nacional de Recursos Hídricos – a de definir os valores a serem cobrados pelo uso de recursos hídricos de domínio da União.

XI – O Conselho tem atribuição para autorizar a criação das Agências de Água, quando um ou mais Comitês de Bacia Hidrográfica, abrangendo rios de domínio da União, solicitar. Parece-nos que o Conselho deva também pronunciar-se quando o Comitê de Bacia Hidrográfica for integrado por águas do domínio dos Estados e da União.

O Conselho Nacional de Recursos Hídricos irá examinar, entre outras coisas, no procedimento de autorização para a criação de uma Agência de Água: se a Agência tem a mesma área de atuação do Comitê ou Comitês que apresentam a solicitação (art. 42 da Lei 9.433/1997); se o Comitê ou Comitês solicitantes da autorização de criação estão regularmente instituídos e em funcionamento (art. 43, I, da lei referida) e se há viabilidade financeira da Agência de Água, assegurada pela cobrança do uso dos recursos hídricos em sua área de atuação (art. 43, II, da lei mencionada).

XII – "As prioridades de aplicação de recursos a que se refere o *caput* do art. 22 da Lei n. 9.433, de 1997, serão definidas pelo Conselho Nacional de Recursos Hídricos, em articulação com os respectivos Comitês de Bacia Hidrográfica" (art. 21, § 4º, da Lei 9.984/2000). Há um engano flagrante na redação desse parágrafo do art. 21 da lei citada. O que continua comandando na aplicação de recursos na bacia hidrográfica é o *caput* do art. 22 da Lei 9.433/1997, a que expressamente se refere a Lei 9.984/2000. O engano é usar a expressão "prioridades" em lugar do termo "prioritariamente". O termo "prioridades", adequadamente usado no art. 7º, VIII – plano de recursos –, só terá oportunidade de ser usado, quando antes já tiver sido decidida a opção "prioritária" pela bacia em que os valores devem ser empregados.

Em suma, é de inegável razoabilidade que os valores arrecadados devem retornar para quem os pagou. É um princípio de justiça natural. Se tal não ocorrer, o preço da água será apequenado. Só quando houver a satisfação das necessidades da bacia hidrográfica, em que esses valores "foram gerados", é que poderá, moral e legalmente, haver o seu repasse para outras bacias. A solidariedade não será hipócrita, pois começará amando as próprias pessoas e o próprio meio ambiente da bacia hidrográfica, para, depois, se for possível, transbordar em ajuda a outras. A infringência desse dever prioritário de retorno do valor arrecadado, como já está acentuado em outro tópico, ensejará a utilização das ações judiciais cabíveis.

XIII – O Conselho Nacional de Recursos Hídricos deverá intervir nos Comitês de Bacia Hidrográfica em rios de domínio da União, quando houver manifesta transgressão das normas contidas na Lei 9.433/1997 e na Resolução CNRH 5/2000 (art. 4º da referida resolução). O fato de o Conselho ter-se dado esse poder de intervenção não acarreta a perda da autonomia dos Comitês de Bacia Hidrográfica. Dentro da estrutura do Sistema Nacional de Recursos Hídricos há uma hierarquia administrativa, não de mandonismo, mas de vigilância, para conseguir-se a prática das normas legais hídricas. Por isso é que está assegurada a ampla defesa dos Comitês de Bacia Hidrográfica, e os atos do Conselho deverão estar revestidos de legalidade, finalidade, motivação, razoabilidade, proporcionalidade, segurança jurídica, moralidade, contraditório, publicidade, interesse público e eficiência, como mandam a Lei 9.784/1999 e o art. 37 da CF.

Pelo art. 20 da Lei 12.324, de 20.9.2010, que trata da Política Nacional de Segurança de Barragens, foram acrescentados três incisos (XI, XII e XII) ao art. 35 da Lei 9.433/1997, acerca da competência do Conselho Nacional dos Recursos Hídricos: zelar pela implementação da Política Nacional de Segurança de Barragens (PNSB); estabelecer diretrizes para implementação da PNSB, aplicação de seus instrumentos e atuação do Sistema Nacional de Informações sobre Segurança de Barragens (SNISB); apreciar o Relatório de Segurança de Barragens, fazendo, se necessário, recomendações para melhoria da segurança das obras, bem como encaminhá-lo ao Congresso Nacional.

11. A AGÊNCIA NACIONAL DE ÁGUAS-ANA

11.1 Introdução

Depois de um ano de debates, a Agência Nacional de Águas-ANA foi instituída pela Lei 9.984, de 17.7.2000 (*DOU* 18.7.2000). A ANA é autarquia, com autonomia administrativa e financeira, vinculada ao Ministério do Meio Ambiente. A existência de mandato de seus diretores dá a essa autarquia uma autonomia mais ampla. A agência é dirigida por uma diretoria colegiada, composta de cinco membros e nomeada pelo Presidente da República.

A autonomia dos diretores da agência está indicada no art. 10 da Lei 9.984. Transcorridos quatro meses da nomeação de cada diretor, este só perderá o mandato em decorrência de renúncia, de condenação judicial transitada em julgado, ou de decisão definitiva em processo administrativo disciplinar. Também será causa de perda de mandato a punição de atos de improbidade administrativa no serviço público e a inobservância dos deveres e proibições inerentes ao cargo ocupado.

Os diretores deverão ser "brasileiros, de reputação ilibada, formação universitária e elevado conceito no campo de especialidade dos cargos para os quais serão nomeados, devendo ser escolhidos pelo Presidente da República e por ele nomeados, após aprovação pelo Senado Federal, nos termos da alínea "f" do art. 52 da Constituição Federal".[68] A inobservância dos requisitos para o preenchimento desses cargos pode ensejar a propositura de ação popular, por qualquer cidadão, conforme o art. 5º, LXXII, da Constituição Federal ou a interposição de ação civil pública, na forma da Lei 7.347/1985.

O sistema da permanência dos diretores das agências administrativas brasileiras poderá dar bons resultados se houver um prévio e público levantamento dos antecedentes de cada diretor para verificar a sua reputação sem mancha, sua boa formação universitária e outros dados de seu *currilum vitae*. O mandato em matéria de recursos hídricos será importante para impedir a subserviência a ordens ou pressões não fundadas no interesse público e ambiental. Contudo, se houver uma gestão inepta ou ímproba, os processos administrativo disciplinar e/ou penal constituem um imperativo legal e moral.

Foi adequado o veto do Presidente da República ao § 5º do art. 4º da Lei 9.984/2000, que permitiria a delegação de atividades de competência da ANA para outros órgãos ou entidades públicas federais, estaduais e municipais. Com perspicácia, assinalam as razões de veto: "a Lei n. 9.433, de 8 de janeiro de 1997, altera alguns paradigmas da administração pública, quando transfere para a sociedade, mediante um processo de democratização e descentralização, diversas atividades que hoje são exercidas por aqueles entes públicos. Este procedimento é de capital importância para o sucesso da implementação da PNRH e do SNRH, devido a dificuldades operacionais, institucionais e políticas inerentes às entidades e órgãos públicos" (*DOU* 18.7.2000, p. 7).

11.2 Competência da Agência Nacional de Águas-ANA

Essa agência tem o título de Agência Nacional de Águas-ANA – o que não deve levar a um equívoco em sua conceituação. A articulação do planejamento nacional das águas – foi confirmado pela própria Lei 9.984 – é competência do Conselho Nacional de Recursos Hídricos. Contudo, a ANA será o braço executivo desse Conselho.

As atribuições da Agência Nacional de Águas podem ser divididas em duas grandes vias: competências concernentes à política nacional de recursos hídricos e atribuições referentes às águas de domínio da União.

---

68. Lei 9.986, de 18.7.2000, que dispôs sobre a gestão de recursos humanos das Agências Reguladoras e dá outras providências, art. 5º (*DOU* 19.7.2000, p. 6).

No campo das atribuições referentes à política nacional de recursos hídricos está a de "supervisionar, controlar e avaliar as ações e atividades decorrentes do cumprimento da legislação federal pertinente aos recursos hídricos"; a de "disciplinar, em caráter normativo, a implementação, a operacionalização, o controle e a avaliação dos instrumentos da Política Nacional de Recursos Hídricos"; o planejamento e a promoção de ações destinadas a prevenir ou minimizar os efeitos de secas e inundações, em articulação com o órgão central do Sistema Nacional de Defesa Civil, em apoio aos Estados e Municípios; promoção e coordenação das atividades desenvolvidas no âmbito da rede hidrometeorológica nacional; organização, implantação e gestão do Sistema Nacional de Informações sobre Recursos Hídricos; fomento da pesquisa e da capacitação de recursos humanos para a gestão dos recursos hídricos; prestação de apoio aos Estados na criação de órgãos gestores de recursos hídricos.

A ANA passa a ter a missão de supervisão e de controle do cumprimento da legislação federal de águas. Essa tarefa é decorrente da competência constitucional privativa da União para legislar sobre a matéria (art. 22, IV, da CF).

A competência da ANA para "disciplinar, em caráter normativo, a implementação, a operacionalização, o controle e a avaliação dos instrumentos da Política Nacional de Recursos Hídricos" (art. 4º, II, da Lei 9.984/2000) há de ser entendida como uma possibilidade de criar normas visando à prática dos instrumentos da Política Nacional dos Recursos Hídricos (art. 5º da Lei 9.433/1997), com a condição de que essas normas obedeçam fielmente à referida Lei 9.433/1997 e às resoluções do Conselho Nacional de Recursos Hídricos, na área de sua competência (art. 35 da Lei 9.433/1997, com a alteração de seu inciso IX).

A Agência Nacional de Águas tem uma especial atribuição: cuidar das águas da União. Relembre-se que dessas águas fazem parte os rios e quaisquer correntes de água que "banhem mais de um Estado, sirvam de limites com outros Países ou se estendam a território estrangeiro ou dele provenham", como manda a Constituição Federal (art. 20, III).

Entre as principais competências, quanto às águas federais, podemos ressaltar: outorgar o direito de uso desses recursos; arrecadar, distribuir e aplicar as receitas auferidas por intermédio da cobrança pelo uso dos recursos hídricos e fiscalizar os usos desses recursos.

Vai depender, portanto, de pelo menos três votos da diretoria da ANA, para que seja autorizada, através da outorga, a captação, a derivação e o lançamento de efluentes nas águas federais. O pedido de outorga deverá ser publicado na imprensa oficial e em pelo menos um jornal de grande circulação na respectiva região (art. 8º da Lei 9.984/2000). Foi uma grande conquista da sociedade civil, através de seminário promovido na Câmara dos Deputados, a consolidação do direito à informação, antes e depois da efetivação da outorga das águas.

O poder da ANA para arrecadar as receitas vindas da cobrança pelo uso das águas (art. 4º, IX) é uma inovação que deixa dúvidas no cumprimento da política de descentralização da gestão dos recursos hídricos. Para evitar obstáculos à necessária distribuição das receitas hídricas, consta da lei que a aplicação das receitas "será feita" por meio das agências de água e só na ausência destas é que esses recursos poderão ir para outras entidades (art. 4º, § 6º). A Agência Nacional de Águas "manterá registros que permitam correlacionar as receitas com as bacias hidrográficas em que foram geradas" (art. 21, § 1º).

Caberá à ANA "fiscalizar os usos de recursos hídricos nos corpos de água de domínio da União" (art. 4º, V, da Lei 9.984/2000). O termo "fiscalizar" mostra um "outro meio de atuação do poder de polícia" – "a *fiscalização* das atividades e bens sujeitos ao controle da Administração". "Deparando irregularidade ou infringência legal, o agente fiscalizador deverá advertir verbalmente o infrator ou lavrar regularmente o *auto de infração*, consignando a sanção cabível para sua oportuna execução (...)", como nos ensina Hely Lopes Meirelles.[69] Competente a Agência Nacional de Águas para suspender, parcial ou totalmente, a outorga de direito de uso dos recursos hídricos, conforme o art. 15 da Lei 9.433/1997, como é seu dever constatar as infrações previstas no art. 49 da mesma lei, e impor as sanções previstas no art. 50, diante do poder que lhe foi concedido pela Lei 9.984/2000.

Há um grande desafio da nova agência: o de não se permitir à mesma o desvio de sua finalidade e, portanto, que o dinheiro arrecadado seja usado "prioritariamente" na bacia em que foi gerado (art. 22 da Lei 9.433/1997). Ao Conselho Nacional de Recursos Hídricos e aos Comitês de Bacia Hidrográfica caberão articular-se para que não se crie mais uma CPMF (o tributo do cheque). Os diretores da Agência Nacional de Águas e os funcionários de todos os escalões do Ministério da Fazenda cometerão improbidade administrativa se retiverem as receitas hídricas. Trata-se de um dever legal – e não de uma faculdade – o repasse desses recursos e, assim, obrigado está o Poder Judiciário a decidir pela sua correta aplicação.

A cobrança pelo uso dos recursos hídricos poderá ser uma excelente ferramenta na despoluição de nossos rios e na prevenção da seca, se a nova Agência Nacional de Águas enquadrar-se no figurino que a lei desenhou.

---

69. *Direito Administrativo Brasileiro*, 38ª ed., p. 143.

Passou a competir à ANA: organizar, implantar e gerir o Sistema Nacional de Informações sobre Segurança de Barragens (SNISB); promover a articulação entre os órgãos fiscalizadores de barragens; coordenar a elaboração do Relatório de Segurança de Barragens e encaminhá-lo, anualmente, ao Conselho Nacional de Recursos Hídricos (CNRH), de forma consolidada (art. 4º, XX, XXI e XXII, introduzidos pela Lei 12.334, de 20.9.2010, que trata da Política Nacional de Segurança de Barragens, art. 21).

11.3 A Agência Nacional de Águas-ANA e o contrato de gestão

*11.3.1 A Agência Nacional de Águas-ANA
e a descentralização*

As Leis 9.433/1997 e 9.984/2000 não condicionaram as Agências de Água a celebrar contratos de gestão com a Agência Nacional de Águas--ANA. A Agência de Água pode exercer as competências do art. 44 da Lei 9.433/1997 sem o referido contrato com a ANA. Contudo, a autonomia das Agências de Água nos rios de domínio da União foi enfraquecida com o poder atribuído à ANA de "arrecadar, distribuir e aplicar receitas auferidas por intermédio da cobrança pelo uso de recursos hídricos" (art. 4º, IX, da Lei 9.984/2000).

Houve uma inegável centralização de poderes nas mãos da ANA pela Lei 9.984/2000. Os contratos de gestão da Lei 10.881/2004 poderão representar o início de uma descentralização administrativa – ou seja, a partilha de alguns poderes da ANA com as entidades delegadas, ou substitutas, na gestão hídrica federal. Não diria que está havendo uma terceirização[70] de funções, pois, segundo o modelo da Lei 9.433/1997, essas funções não deveriam estar centralizadas, uma vez que deveriam ser exercidas pelas Agências de Água. A descentralização é parcial, pois a ANA conservará um expressivo poder de controle.

11.3.2 O contrato de gestão

11.3.2.1 O Plano de Recursos Hídricos e o contrato de gestão

Na elaboração do contrato de gestão deverá haver a "especificação do programa de trabalho proposto, a estipulação de metas a serem atin-

---

70. "Forma de organização estrutural que permite a uma empresa transferir a outra suas atividades-meio, proporcionando maior disponibilidade de recursos para sua atividade-fim, reduzindo a estrutura operacional, diminuindo os custos, economizando recursos e desburocratizando a administração" (Antônio Houaiss, *Dicionário Eletrônico Houaiss da Língua Portuguesa*, Editora Objetiva, versão 1.0, dezembro/2001, CD-ROM).

gidas" – art. 2º, I, da Lei 10.881/2004. Ficaria facilitada a compreensão dessa lei se nesse inciso tivesse havido referência ao art. 22, I e II, da Lei 9.433/1997 ("Art. 22. Os valores arrecadados com a cobrança pelos usos dos recursos hídricos serão aplicados prioritariamente na bacia hidrográfica em que foram gerados e serão utilizados: I – no financiamento de estudos, programas, projetos e obras incluídos nos Planos de Recursos Hídricos; II – no pagamento de despesas de implantação e de custeio administrativo dos órgãos e entidades integrantes do Sistema Nacional de Gerenciamento de Recursos Hídricos") e ao art. 4º, XI, da Lei 9.984/2000 ("Art. 4º. A atuação da ANA obedecerá aos fundamentos, objetivos, diretrizes e instrumentos da Política Nacional de Recursos Hídricos e será desenvolvida em articulação com órgãos e entidades públicas e privadas integrantes do Sistema Nacional de Gerenciamento de Recursos Hídricos, cabendo-lhe: (...) XI – promover a elaboração de estudos para subsidiar a aplicação de recursos financeiros da União em obras e serviços de regularização dos cursos de água, de alocação e distribuição de água, e de controle da poluição hídrica, em consonância com o estabelecido nos Planos de Recursos Hídricos").

Não constou do conteúdo mínimo do contrato de gestão a necessidade de o mesmo estar vinculado ao Plano de Recursos Hídricos existente ou a ser elaborado (uma das funções da entidade delegatária é elaborar o Plano de Recursos Hídricos). A crítica feita é alicerçada no princípio de que a lei deve ser, além de clara, de fácil implementação. Se os artigos indicados estivessem presentes na Lei 10.881, esta seria mais acessível aos não especialistas em Direito.

11.3.2.2 As despesas com pessoal

Quanto ao critério de estipulação dos limites para a despesa com remuneração e vantagens a serem percebidas pelos dirigentes e empregados das entidades delegatárias, é imperioso indicar que já há um limite para essas despesas na Lei 9.433/1997,[71] que é de 7,5% do total arrecadado na bacia hidrográfica. Não houve revogação desse sábio e moralizador dispositivo de lei. É mais uma omissão da Lei 10.881/2004.

11.4 A aplicação das receitas pela entidade delegatária

"Os valores previstos no *caput* deste artigo poderão ser aplicados a fundo perdido em projetos e obras que alterem, de modo considerado

---

71. Art. 22, § 1º.

benéfico à coletividade, a qualidade, a quantidade e o regime de vazão de um corpo de água" (Lei 9.433/1997, art. 22, § 2º).

Os recursos aplicados a fundo perdido são os "recursos financeiros, especialmente. públicos, aplicados sem expectativa de reembolso".[72] Assim, esses recursos não são ressarcidos por quem os recebe.

A Lei 9.433/1997 diz que para a aplicação dos recursos deverá haver benefício à coletividade na qualidade da água, na quantidade da água e no regime da vazão da água.

Assim, não se pode financiar a fundo perdido unicamente uma empresa privada da área em que atue a entidade delegatária (ou que faça parte da própria entidade), pois isso seria uma frontal desobediência ao princípio da impessoalidade. Outra coisa seria um empréstimo, que deveria ser ressarcido.

Não há interesse público em que se proponha um financiamento a fundo perdido para que só algumas empresas sejam aquinhoadas, no mesmo espaço de tempo, com tratamento desigual e gravoso para outras empresas, pois haverá uma procrastinação da ajuda financeira para as empresas excluídas. Seria um manifesto enriquecimento sem causa das empresas que recebessem esse financiamento. Mais importante que esses argumentos contrários a uma pretensão de subsídio para o tratamento das empresas privadas é o fato de que se estaria negando a vigência do princípio poluidor-pagador, pois os contribuintes arcariam com os custos da despoluição, e não aqueles que efetivamente poluem.

A aplicação das receitas deve implementar o princípio da economicidade. O princípio é de recente invocação no Direito Público. *Economicidade* tem relação com o econômico, que é "relativo à capacidade de gerar lucros: que controla as despesas; parcimonioso nos gastos; que favorece a contenção de despesas (por custar pouco ou demandar poucos gastos); lucrativo, vantajoso";[73] "relação entre custo e benefício a ser observada na atividade pública".[74]

Aplica-se o princípio da economicidade quando se possa financiar as empresas privadas e públicas que queiram melhorar a quantidade, a qualidade e a vazão da água, desde que seja fixado um prazo adequado para o pagamento do financiamento. Assim, lucrarão todos: o meio ambiente, a coletividade e os empresários.

---

72. Aurélio Buarque Holanda Ferreira, *Novo Aurélio Século XXI: o Dicionário da Língua Portuguesa*, 3ª ed., Rio de Janeiro, Nova Fronteira, 1999.
73. *Novo Aurélio Século XXI*, cit.
74. *Dicionário Eletrônico Houaiss*, cit.

11.5 Transferência das receitas de cobrança para as entidades delegatárias

O uso dos recursos hídricos que for outorgado será cobrado, conforme o art. 20 da referida lei. O art. 12 trata dos casos de outorga.

A arrecadação dos seguintes usos outorgados será passível de transferência às entidades delegatárias, nos seguintes casos:[75] I – derivação ou captação de parcela de água existente em um corpo de água para consumo final, inclusive abastecimento público, ou insumo de processo produtivo; II – lançamento em corpo de água de esgotos e demais resíduos líquidos ou gasosos, tratados ou não, com o fim de sua diluição, transporte ou disposição final; III – outros usos que alterem o regime, a quantidade ou a qualidade da água existente em um corpo de água.

Não serão transferidos às entidades delegatárias os recursos arrecadados da extração de água de aquífero e os recursos financeiros advindos do aproveitamento dos potenciais hidrelétricos. A Lei 10.881/2004 não previu explicitamente essa transferência. As águas subterrâneas não fazem parte do domínio público da União, e sim dos Estados; e a Lei 10.881/2004 somente tratou dos rios de domínio da União.

11.6 A avaliação das entidades delegatárias

Uma boa técnica de administração foi utilizada na Lei 10.881/2004:[76] a instituição da Comissão de Avaliação da ANA, composta de especialistas de qualificação adequada, para fazer a análise dos resultados em comparação com as metas propostas pelas entidades delegatárias. Contudo, só essa medida não gera eficiência, pois é preciso que haja previsão orçamentária para que esses especialistas possam visitar a bacia hidrográfica pertinente, vistoriar obras em curso e inspecionar a própria contabilidade.

Espera-se uma Comissão de Avaliação com dupla atividade: preventiva e corregedora.

11.7 Responsabilização no caso de malversação das receitas e dos bens

A MP 165/2004 previu:

"Art. 5º. A ANA, ao tomar conhecimento de qualquer irregularidade ou ilegalidade na utilização de recursos ou bens de origem pública pela

---

75. Cf. o art. 4º, § 1º, da Lei 10.881/2004 e o art. 12 da Lei 9.433/1997.
76. A Lei 9.790/1999, que trata das organizações da sociedade civil de interesse público, previu esse sistema de controle.

entidade delegatária, dela dará ciência ao Tribunal de Contas da União, sob pena de responsabilidade solidária de seus dirigentes.

"Art. 6º. Sem prejuízo da medida a que se refere o art. 5º, quando assim exigir a gravidade dos fatos ou o interesse público, havendo indícios fundados de malversação de bens ou recursos de origem pública, a ANA, sem prejuízo de representação junto ao Ministério Público Federal, adotará providências com vistas à decretação, pelo juízo competente, da indisponibilidade dos bens da entidade e o sequestro dos bens dos seus dirigentes, bem como de seus servidores ou terceiro, que possam ter enriquecido ilicitamente ou causado dano ao patrimônio público.

"Parágrafo único. Até o término da ação, a ANA permanecerá como depositária e gestora dos bens e valores sequestrados ou indisponíveis e velará pela continuidade das atividades da entidade delegatária, como secretaria executiva do respectivo ou respectivos Comitês de Bacia Hidrográfica."

A Lei 10.881/2004, que fez a conversão da mencionada medida provisória em lei, estabeleceu:

"Art. 6º. A ANA, ao tomar conhecimento de qualquer irregularidade ou ilegalidade na utilização de recursos ou bens de origem pública pela entidade delegatária, dela dará ciência ao Tribunal de Contas da União, sob pena de responsabilidade solidária de seus dirigentes.

"Art. 7º. A ANA, na função de secretaria executiva do respectivo ou respectivos Comitês de Bacia Hidrográfica, poderá ser depositária e gestora de bens e valores da entidade delegatária, cujos sequestro ou indisponibilidade tenham sido decretados pelo juízo competente, considerados por ela necessários à continuidade da implementação das atividades previstas no contrato de gestão, facultando-lhe disponibilizá-los a outra entidade delegatária ou Agência de Água, mediante novo contrato de gestão."

A Lei 10.881/2004 determinou que a ANA noticiasse ao TCU qualquer irregularidade na utilização de recursos ou bens de origem pública pela entidade delegatária. A ANA não pode aguardar que a irregularidade seja importante e/ou grave para noticiar ao TCU. Os dirigentes da ANA passam a ter responsabilidade solidária com os dirigentes da entidade delegatária se tal comunicação não ocorrer.

Acrescento que a responsabilidade da ANA não termina aí. Deve ela iniciar procedimento administrativo para buscar a constatação da irregularidade, para que, caso seja constatada, ocorra a rescisão do contrato de gestão.

Comparando-se os textos da medida provisória e da lei, nota-se um abrandamento dos deveres da ANA, ao não constar a obrigação de noticiar a irregularidade ao Ministério Público Federal.⁷⁷ A prudência e o zelo no trato dos recursos públicos devem estar presentes numa possível representação da ANA ao Ministério Público Federal – que, se não é obrigatória, não está, contudo, dificultada e/ou impedida.

A Lei 10.881/2004 não se expressou sobre quem deva promover a ação judicial de sequestro e de indisponibilidade de bens em poder da entidade delegatária. A MP 165/2004 estava, nesse aspecto, mais bem-redigida. O fato de a lei não indicar quem deva promover essa ação judicial não priva a ANA de fazê-lo, assim como o Ministério Público Federal, através de ação civil pública, ou qualquer cidadão, por meio da ação popular.

Ocorrendo os fatos acima apontados, é de bom alvitre a propositura de ação judicial, com pedido liminar de suspensão da transferência pela ANA das receitas à entidade delegatária, que ocorre em razão do art. 4º, § 1º, da Lei 10.881/2004.

12. CONSELHOS ESTADUAIS DE RECURSOS HÍDRICOS

Os Conselhos Estaduais de Recursos Hídricos integram o Sistema Nacional de Gerenciamento de Recursos Hídricos (art. 33, II, da Lei 9.433/1997).

Poderão encaminhar questões para deliberação do Conselho Nacional de Recursos Hídricos (art. 35, IV, da lei referida).

Têm competência para deliberar sobre "as acumulações, derivações, captações e lançamentos de pouca expressão, para efeito de isenção da obrigatoriedade de outorga de direitos de uso de recursos hídricos" (art. 38, V, da lei comentada), quando esses recursos forem de domínio estadual.

Os Comitês Estaduais de Recursos Hídricos são instância recursal com referência às decisões tomadas pelos Comitês de Bacias Hidrográficas de rios de domínio estadual (art. 38, parágrafo único, da Lei 9.433/1997).

A autorização para a criação de Agências de Água em bacias de rios de domínio estadual é competência dos Conselhos Estaduais de Recursos Hídricos (art. 42, parágrafo único, da lei mencionada).

Os Conselhos Estaduais, à semelhança do Conselho Nacional de Recursos Hídricos, não têm por missão fazer o enquadramento dos

---

77. Essa obrigação consta na Lei 9.790/1999, que trata das organizações da sociedade civil de interesse público (art. 12).

corpos de água em classes. Ao receberem as proposições das Agências de Água (art. 44, XI, "a", da Lei 9.433/1997), os Conselhos Estaduais irão apreciar essas propostas, encaminhando-as aos órgãos estaduais de meio ambiente. Estes farão enquadramento dos corpos de água em suas classes, levando em conta a legislação federal de águas.

A Lei 9.433/1997 não saiu de seus limites na indicação das linhas gerais do Sistema Nacional de Gerenciamento dos Recursos Hídricos. Tinha que apontar um mínimo de regras sobre a atuação dos Conselhos Estaduais de Recursos Hídricos. Parece-nos que não houve desequilíbrio entre essa competência da União (art. 21, XIX, da CF) e a autonomia dos Estados (art. 18, *caput*).

A maioria das normas que irão estruturar a competência dos Conselhos Estaduais não está inserida na Lei 9.433/1997. Os Estados, ao legislarem sobre esta competência, não poderão alterar as competências dos outros órgãos do Sistema Nacional, como os Comitês de Bacia Hidrográfica e as Agências de Água. Os Estados poderão suplementar as regras da Lei 9.433/1997, desde que não as descumpram.

Seria eficaz para a obtenção dos resultados buscados pela Política Nacional de Recursos Hídricos que os Estados organizassem seus Conselhos Estaduais da mesma forma que os Comitês de Bacia Hidrográfica. Assim, buscariam a paridade de votos com as organizações civis de recursos hídricos e com os usuários. Os Estados não estão impedidos de copiar a regra do art. 34, parágrafo único, mas não são obrigados a buscar a hegemonia dentro dos Conselhos Estaduais de Recursos Hídricos, em prejuízo de uma maior participação social.

13. COMITÊS DE BACIA HIDROGRÁFICA

Os Comitês de Bacia Hidrográfica são órgãos colegiados com atribuições normativas, deliberativas e consultivas a serem exercidas na bacia hidrográfica de sua jurisdição (art. 1º, § 1º, da Resolução 5, de 10.4.2000, do Conselho Nacional de Recursos Hídricos – *DOU* de 11.4.2000, pp. 50-51).

A redação pode prestar-se a enganos, porque as atribuições dos "Comitês de Bacia Hidrográfica" nem sempre se estendem sobre a bacia hidrográfica, pois podem situar-se somente em uma sub-bacia hidrográfica, como podem ter uma maior amplitude, abrangendo grupo de bacias ou sub-bacias hidrográficas, conforme se lê no art. 37 da Lei 9.433/1997.

Uma gestão dos recursos hídricos descentralizada – que está como um dos fundamentos da Política Nacional dos Recursos Hídricos – levará os Comitês de Bacia Hidrográfica a terem personalidade jurídica, o que lhes dará não somente maior autonomia, mas uma maior facilidade para caracterizar sua responsabilidade jurídica frente a eficiência ou ineficiência de sua atuação.

13.1 Diferentes tipos de Comitês

A conceituação de bacia hidrográfica e de rio principal foi aventada no item 1.4. Levantamos uma questão: haverá Comitês Federais de Bacia Hidrográfica, Comitês Estaduais de Bacia Hidrográfica e Comitês Mistos de Bacia Hidrográfica?

Encontramos, portanto, na lei comentada o Comitê de Bacia Hidrográfica em rios da União e o Comitê de Bacia Hidrográfica em rios de domínio estadual. A utilização das expressões "Comitê Federal de Bacia" e "Comitê Estadual de Bacia", que empregamos na questão formulada, embora expressem a realidade do domínio das águas, não foi consagrada textualmente na lei, nem na Resolução CNRH 5/2000.

Quando um rio federal e um rio estadual fizerem parte de uma mesma bacia ou de uma mesma sub-bacia, estejam eles na situação de principal ou de afluente, poderíamos estar diante de um Comitê "Misto" de Bacia Hidrográfica, onde haveria duplo domínio público. Teremos, então, uma gestão compartilhada, inclusive na área da outorga dos direitos de uso dos recursos hídricos.

Desconhecemos regra legal dizendo que, sendo bem da União o rio principal e sendo bens dos Estados os cursos de água tributários, estaremos diante da figura de bacia ou de sub-bacia da União. O art. 20, III, da CF classifica "lagos, rios e quaisquer correntes de água" como bens da União, mas não menciona bacias hidrográficas ou sub-bacias hidrográficas como bens da União.

Essa questão foi abordada pelo Conselho Nacional de Recursos Hídricos, através da Resolução CNRH 5/2000, que dispôs: "Os Comitês de Bacia Hidrográfica, cujo curso de água principal seja de domínio da União, serão vinculados ao Conselho Nacional de Recursos Hídricos" (art. 1º, § 2º). A vinculação desses Comitês ao Conselho Nacional de Recursos Hídricos somente será obrigatória, se nos cursos de água estaduais e tributários do curso principal da União não tiverem sido estabelecidos Comitês em sua sub-bacia hidrográfica, como permite o art. 37, II, da Lei 9.433/1997.

Havendo Comitês nas sub-bacias hidrográficas de rios estaduais passará a existir a vinculação desses Comitês com os Conselhos Estaduais de Recursos Hídricos.

As ações dos diferentes Comitês não podem ser antagônicas, mas integradas ou articuladas como diz a Resolução CNRH 5/2000, no seu art. 3º: "As ações de Comitês de Bacia Hidrográfica em rios de domínio dos Estados, afluentes a rios de domínio da União, serão desenvolvidas mediante articulação com os Estados, observados os critérios e as normas estabelecidas pelo Conselho Nacional, Estaduais e Distrital de Recursos Hídricos".

13.2 Área de atuação dos Comitês de Bacia Hidrográfica

Art. 37 da Lei 9.433/1997: "Os Comitês de Bacia Hidrográfica terão como área de atuação: I – a totalidade de uma bacia hidrográfica; II – sub-bacia hidrográfica de tributário do curso de água principal da bacia, ou de tributário desse tributário; ou III – grupo de bacias ou sub-bacias hidrográficas contíguas".

Os três incisos do referido art. 37 retratam cinco tipos de Comitês: Comitê de uma bacia hidrográfica; Comitê de sub-bacia hidrográfica de tributário do curso de água principal da bacia; Comitê de tributário do tributário do curso principal da bacia; Comitê de grupo de bacias contíguas e Comitê de sub-bacias hidrográficas contíguas. Ainda que o nome da instituição seja "Comitê de Bacia Hidrográfica", esta denominação pode abarcar espaços físicos diferentes.

Diante do art. 37 em análise, pode-se entender que os Comitês serão únicos em determinado espaço territorial. Contudo, o art. 37, II, mostra que, numa bacia hidrográfica, pode haver uma divisão do espaço nos vários segmentos aí mencionados. A lei não deixou opção para criarem-se mais de três Comitês no interior de uma bacia hidrográfica. Esse critério poderá ser adequado para bacias não extensas e inadequado para bacias como a do rio São Francisco, com uma área de 640.000km^2 e uma população de 9,7 milhões, e a do rio Paraíba do Sul, com 330.000km^2 e população de 2,9 milhões,[78] como, também, em bacias da Amazônia.

13.3 Instituição dos Comitês de Bacia Hidrográfica em rios de domínio da União

Pela Resolução CNRH 5/2000 (art. 9º) foi instituído um procedimento para a proposição de criação de um comitê de bacia hidrográfica

---

78. Arnaldo A. Setti, *A Necessidade do Uso Sustentável dos Recursos Hídricos*, Ministério do Meio Ambiente, dos Recursos Hídricos e da Amazônia Legal, 1994.

onde o curso de água principal for de domínio da União. Das quatro categorias seguintes, três deverão subscrever o pedido: Secretários de Estado responsáveis pelo gerenciamento de recursos hídricos; Prefeitos Municipais; entidades representativas de usuários e entidades civis de recursos hídricos. Não há ordem hierárquica nos quatro setores previstos no art. 9º da resolução.

Da proposta a ser encaminhada ao Conselho Nacional de Recursos Hídricos deverá constar: I – justificativa circunstanciada da necessidade da criação do comitê, com diagnóstico da situação dos recursos hídricos na bacia hidrográfica; II – caracterização da bacia hidrográfica e identificação dos setores usuários de recursos hídricos; III – indicação de Diretoria Provisória; IV – juntada da proposta com as assinaturas dos setores acima assinalados.

A proposta ao Conselho Nacional de Recursos Hídricos, como se vê da Resolução n. 5/2000, deve resultar de negociação política regional. Poderá surgir disputa numa mesma região e dois ou mais pedidos poderão ser apresentados. Pondere-se que o Conselho Nacional de Recursos Hídricos não está obrigado a aceitar a Diretoria provisória indicada, podendo fazer consultas sobre a composição de uma outra diretoria e indicá-la. O deferimento ou indeferimento da proposta deve ser devidamente motivado, levando-se em conta, entre outros fatores, a razoabilidade, a proporcionalidade, o interesse público e a eficiência existentes no pedido, como estabelece o art. 2º da Lei 9.784, de 29.1.1999. O procedimento de criação de um comitê de bacia hidrográfica é totalmente público, conforme a argumentação já apresentada neste capítulo. O Poder Judiciário é competente para conhecer da legalidade do procedimento, aferindo exaustivamente se o Conselho Nacional de Recursos Hídricos agiu segundo os melhores padrões de salvaguarda do interesse público e ambiental.

13.4 Composição dos Comitês de Bacia Hidrográfica

13.4.1 Introdução

"Os Comitês de Bacia Hidrográfica são compostos por representantes: I – da União; II – dos Estados e do Distrito Federal, cujos territórios se situem, ainda que parcialmente, em suas respectivas áreas de atuação; III – dos Municípios situados, no todo ou em parte, em sua área de atuação; IV – dos usuários de sua área de atuação; V – das entidades civis de recursos hídricos com atuação comprovada na bacia" (art. 39 da Lei 9.433/1997).

O Conselho Nacional de Recursos Hídricos definirá "critérios gerais para a elaboração dos regimentos internos" dos Comitês de Bacia Hidrográfica (art. 35, VII, da Lei 9.433/1997). Nesses critérios gerais poderão estar especificadas normas para o estabelecimento do número de integrantes do Comitê, observado o art. 39, § 1º, da referida lei. Este § 1º diz que o número e os critérios serão fixados nos regimentos internos do Comitê. Parece-nos que nas "Disposições Transitórias" deveria ter sido prevista a possibilidade de o Conselho Nacional de Recursos Hídricos indicar a composição provisória do Comitê, pois sem o Comitê estar constituído ele não poderá elaborar o regimento interno.

O inciso I, que prevê a participação da União, aplica-se aos Comitês de Bacia Hidrográfica em rios de domínio da União. Nos Comitês de bacias de rios sob domínio estadual não se torna obrigatória a presença da União e dependerá do que os regimentos internos desses Comitês dispuserem (art. 39, § 4º, da lei mencionada).

Os incisos II, III, IV e V e os §§ 1º e 3º do art. 39, ora analisados, aplicam-se tanto aos Comitês de Bacia Hidrográfica de rios de domínio da União como de rios de domínio dos Estados. Trata-se de uma norma geral, editada para estruturar o Sistema Nacional de Gerenciamento de Recursos Hídricos (art. 21, XIX, e art. 24, § 1º, ambos da CF).

Na representação da União deverá ser incluído um representante do Ministério das Relações Exteriores nos Comitês de bacias de rios fronteiriços e transfronteiriços de gestão compartilhada (art. 39, § 2º). Aqui se trata somente dos Comitês de Bacia Hidrográfica de rios sob domínio federal.

Nos Comitês de Bacia Hidrográfica cujos territórios abranjam territórios indígenas (art. 39, § 3º) temos duas situações. Na primeira situação temos Comitês em que a União esteja representada e, assim, deverá integrar sua representação a Fundação Nacional do Índio-FUNAI, como deverão estar representadas as comunidades indígenas (art. 39, § 3º, II). Na segunda situação, estando ausente a União dos Comitês de Bacia Hidrográfica, a FUNAI não será representada, mas as comunidades indígenas serão representadas. Portanto, sejam os Comitês de bacias de rios federais como de rios estaduais, havendo terras indígenas em suas áreas de atuação, as comunidades indígenas não poderão estar excluídas.

Numa determinada "área de atuação" só deverá existir um Comitê de Bacia Hidrográfica, não sendo admissível a justaposição de competências de dois Comitês em relação a uma mesma área. Contudo, as Agências de Água não estarão restritas à área de um só Comitê de Bacia Hidrográfica, pois, segundo o art. 42 da Lei 9.433/1997, poderão ter "a mesma área de um ou mais Comitês de Bacia Hidrográfica".

A representação dos Poderes Executivos da União, Estados, Distrito Federal e Municípios é limitada à metade do total dos membros do Comitê (art. 39, § 1º, da Lei 9.433/1997). Tanto da parte governamental como da parte da sociedade civil é de ser entendido que as representações terão uma equânime distribuição, isto é, usuários e entidades, de um lado, e, de outro, União, Estados e Municípios irão distribuir com equidade a metade dos postos que lhes cabem.[79]

"Deverá constar nos regimentos dos Comitês de Bacias Hidrográficas o seguinte:

"I – número de votos dos representantes dos poderes executivos da União, dos Estados, do Distrito Federal e dos Municípios, obedecido o limite de quarenta por cento do total de votos;

"II – número de representantes de entidades civis, proporcional à população residente no território de cada Estado e do Distrito Federal, com, pelo menos, vinte por cento do total de votos;

"III – número de representantes dos usuários dos recursos hídricos, cujos usos dependem de outorga, obedecido quarenta por cento do total de votos."

O setor exclusivamente composto pelos representantes dos poderes executivos ficou limitado a quarenta por cento, quando poderia ter chegado a cinquenta por cento, ou seja, à metade (art. 39, § 1º, da Lei 9.433/1997). Abriu-se um maior espaço para o setor dos usuários, que passa a deter o mesmo percentual que o poder público. Teoricamente, as entidades civis ficarão como o fiel da balança.

O Sistema Nacional de Gerenciamento dos Recursos Hídricos – instituído pela Constituição Federal e pela Lei 9.433/1997 – abrangerá todos os Municípios, Estados e a União independentemente da vontade manifesta de cada um desses entes em participar do Comitê. Para a ausência dos mesmos não se previu nenhuma sanção; contudo, os ausentes estarão sujeitos às regras aplicáveis aos que participarem, inclusive à obrigação de efetuar o recolhimento dos valores pelo uso dos recursos hídricos.

---

79. V. Ação Civil Pública, Comarca de Barretos-SP, Ministério Público do Estado *vs* Estado de São Paulo e Comitê da Bacia Hidrográfica do Baixo Pardo-Grande. A Juíza Mônica Senise Ferreira de Camargo, sentenciou em 17.5.2007, condenando os requeridos a adequar o Estatuto do Comitê à Lei 9.433/1997 (art. 39, § 1º). O TJSP, em 4.6.2009, pela Câmara Especial de Meio Ambiente, confirmou a sentença e negou provimento aos recursos dos requeridos (ACív com revisão 772.747-5/2-00, rel. Des. Renato Nalini; participaram do julgamento a Desa. Regina Capistrano e o Des. Aguilar Cortez, v.u.).

13.4.2 Os usuários nos Comitês de Bacias Hidrográficas

Os "usuários das águas de sua área de atuação" terão direito a ser representados nos Comitês de Bacia Hidrográfica. A Resolução CNRH 5/2000 estabelece uma divisão entre usuários com outorgas em vigor (art. 8º, III, "a") e usuários que solicitam volumes de água considerados insignificantes (art. 15). Os usuários com outorga compõem uma classe à parte para o preenchimento dos postos no Comitê de Bacia Hidrográfica, e os usuários sem outorga terão que integrar "associações regionais, locais ou setoriais de usuários de recursos hídricos", na forma do art. 47, II, da Lei 9.433/1997.

Não me parece feliz a diferenciação feita pela Resolução CNRH 5/2000 acerca dos direitos de representação dos usuários com outorga e os usuários de usos insignificantes ou sem outorga. Essa diferenciação não tem amparo na Lei 9.433/1997, ao confrontar-se o art. 39, IV e V, com o art. 47, II, da mencionada lei.

Não se definiu o termo "usuário", que o Código das Águas de 1934 chamava de "utente" (arts. 53 e 56). São usuários os que se enquadrarem no art. 12 e seus cinco incisos, como, também, os do § 1º desse artigo (Lei 9.433/1997). O usuário não tem que, necessariamente, estar na condição dos que receberam a outorga, mas pode estar na situação daqueles que independem de outorga. A lei não exigiu que os usuários estejam participando de uma organização, entidade ou associação para que possam representar essa categoria no Comitê de Bacia Hidrográfica.

Os usuários poderão ser escolhidos entre pessoas físicas ou pessoas jurídicas, de Direito Privado e de Direito Público. A categoria "usuários" está prevista de forma direta para compor o Comitê de Bacia Hidrográfica (art. 39, IV, da Lei 9.433/1997). A Resolução CNRH 5/2000 estabeleceu os seguintes setores usuários: a) abastecimento urbano, inclusive diluição de efluentes urbanos; b) indústria, captação e diluição de efluentes industriais; c) irrigação e uso agropecuário; d) hidroeletricidade; e) hidroviário; f) pesca, turismo, lazer e outros usos não consuntivos. A soma de votos dos usuários pertencentes a um dos setores especificados não poderá ser inferior a quatro por cento e superior a vinte por cento, recordando-se que os usuários passaram a ter quarenta por cento da composição de um Comitê de Bacia Hidrográfica.

Os usuários de recursos hídricos, quando se reunirem em "associações regionais, locais ou setoriais" (art. 47, II, da lei citada), fazem parte das "organizações civis de recursos hídricos", que também têm representação nos Comitês de Bacia Hidrográfica.

13.4.3 Das entidades civis nos Comitês de Bacias Hidrográficas

No Cap. VI do Tít. II da Lei 9.433/1997 trata-se das "Organizações Civis de Recursos Hídricos". Ao falar de "entidades civis de recursos hídricos" a lei admite a inclusão de todas as entidades de defesa do meio ambiente, tanto que no art. 47, *caput*, todas as entidades que constam dos cinco incisos "são consideradas, para os efeitos desta Lei, organizações civis de recursos hídricos". A exigência de "atuação comprovada na bacia" por parte das ONGs não é extemporânea, pois busca valorizar a vivência das organizações que conheçam os problemas regionais.

No Comitê de Bacia Hidrográfica abrangendo terras indígenas, na metade da sua composição devem ser incluídos representantes "das comunidades indígenas ali residentes ou com interesse na bacia". A expressão "comunidades indígenas" foi inserida no art. 232 da CF e é repetida na Lei 9.433/1997. A expressão "comunidades indígenas" merece ser entendida como cada etnia tendo direito a ser representada. A prova da existência da "comunidade indígena" poderá basear-se no Direito Costumeiro e nos assentos da Fundação Nacional do Índio-FUNAI, não se exigindo, no caso, a prova de que a comunidade esteja legalmente constituída (art. 39, § 3º, II, da Lei 9.433/1997).

Os Comitês de Bacias Hidrográficas utilizarão as Agências de Água para exercerem a função de "secretaria executiva" (art. 41 da Lei 9.433/1997).

13.5 Competência dos Comitês de Bacias Hidrográficas em rios de domínio da União

As competências dos Comitês foram inseridas no art. 38 da Lei 9.433/1997, em nove incisos que examinaremos a seguir.

I – "Promover o debate das questões relacionadas a recursos hídricos e articular a atuação das entidades intervenientes." O Comitê funcionará como um fórum de debates, visando a colher opiniões e sugestões relacionadas a recursos hídricos e, em especial, à bacia hidrográfica em que ele atua. A articulação das entidades intervenientes não significa poder hierárquico sobre entidades públicas e privadas que atuam no setor hídrico, mas deve traduzir uma ação rotineira e nas emergências, integrando as atividades de todos os organismos envolvidos com as águas, na área de atuação do Comitê.

II – "Arbitrar, em primeira instância administrativa, os conflitos relacionados aos recursos hídricos." Inobstante tenha sido usado o termo "arbitrar", não se trata do arbitramento ou arbitragem costumeiramente utilizado, pois os juízes arbitrais são escolhidos pelas partes envolvidas no conflito.

Na Espanha já existe há séculos o Tribunal de Águas de Valência, que se reúne em plena praça pública e que agiliza os julgamentos, em procedimento oral.

Todos os usos das águas poderão ser questionados, assim como os respectivos usuários das águas poderão ser sujeitos ativos ou passivos perante o Comitê de Bacia Hidrográfica. Da decisão do Comitê caberá recurso para o Conselho Nacional de Recursos Hídricos (art. 35, II). A regulamentação e o regimento interno do Comitê irão dar as diretrizes necessárias para a implementação dessa atividade julgadora do Comitê.

III – "Aprovar o Plano de Recursos Hídricos da bacia." É uma das mais importantes atribuições do Comitê. O Plano é elaborado pela Agência de Água (art. 44, X, da Lei 9.433/1997). Quem tem o poder de aprovar ou não aprovar, tem o poder de sugerir emendas e correções ao Plano proposto, assim como a realização de novos estudos ou levantamentos.

IV – "Acompanhar a execução do Plano de Recursos Hídricos da bacia e sugerir providências necessárias ao cumprimento de suas metas." O Comitê que aprova o Plano de Recursos Hídricos fica, também, com funções de acompanhar a execução do Plano pela Agência de Água. É um acompanhamento dinâmico, que possibilitará a elaboração de sugestões ou de recomendações para o cumprimento das metas contidas no Plano.

"A experiência do CEEIVAP-Comitê Executivo de Estudos Integrados da Bacia Hidrográfica do Rio Paraíba do Sul e do CEEIPEMA-Comitê Executivo de Estudos Integrados da Bacia Hidrográfica do Rio Paranapanema induz à defesa da tese que atribui aos colegiados das bacias hidrográficas coordenarem o preparo e controlarem a execução dos Planos de utilização múltipla (e não, apenas, sugerir a sua execução)", como assinala Lima Pontes.[80]

V – "Propor ao Conselho Nacional e aos Conselhos Estaduais de Recursos Hídricos as acumulações, derivações, captações e lançamentos de pouca expressão, para efeito de isenção da obrigatoriedade de outorga de direitos de uso de recursos hídricos, de acordo com o domínio destes." As proposições aqui contidas poderiam estar compreendidas no art. 35, X, sobre a competência do Conselho Nacional de Recursos Hídricos de

---

80. "Os colegiados de bacias hidrográficas e o planejamento integrado dos recursos hídricos. A experiência do CCEIPEMA", *Seminário sobre Fauna Aquática e o Setor Elétrico Brasileiro*, caderno 6.

"estabelecer critérios gerais para a outorga de direitos de uso de recursos hídricos". Contudo, é preciso salientar-se que o Conselho Nacional de Recursos Hídricos não tem competência para definir e quantificar os casos de liberação da obrigatoriedade de outorga de direitos de uso de recursos hídricos, pois essa liberação da outorga deve ser definida "em regulamento", conforme expressamente diz o art. 12, § 1º, da Lei 9.433/1997. O regulamento tem superioridade hierárquica e, portanto, deve ser obedecido pelo Conselho Nacional de Recursos Hídricos.

VI – "Estabelecer os mecanismos de cobrança pelo uso de recursos hídricos e sugerir os valores a serem cobrados." O Comitê de Bacia Hidrográfica ou os Comitês de Bacias Hidrográficas responsáveis por uma Agência de Água irão estabelecer o sistema de cobrança segundo os usos outorgados na sua área de atuação. Os mecanismos de cobrança, entre outros, irão apontar a época da cobrança (mensal, trimestral etc.), os bancos escolhidos, a multa em caso de mora.

A segunda e última parte do inciso VI do art. 38 da Lei 9.433/1997 preceitua que ao Comitê compete "sugerir" os valores a serem cobrados. À Agência de Água cabe propor ao Comitê "os valores a serem cobrados pelo uso de recursos hídricos" (art. 44, XI, "b"). Do modo como está redigida a competência do Comitê, ele deve levar para um outro órgão a proposição da Agência de Água, com sua própria sugestão, isto é, sua concordância ou discordância com os valores propostos.

VII – "Aprovar o plano de aplicação dos recursos arrecadados com a cobrança pelo uso dos recursos hídricos." Este inciso foi vetado pelo Presidente da República, que apresentou como razões do veto: "Quanto ao inciso VII, a aplicação dos valores arrecadados com a cobrança pelo uso de recursos hídricos decorrerá da execução do Plano Nacional e dos Planos de Bacia". Já abordamos o tema no item 4.6.

A Resolução CNRH 5/2000 estabeleceu como competência dos Comitês de Bacia Hidrográfica "aprovar as propostas da Agência de Água, que lhe forem submetidas" (art. 7º, III). Insiste-se que o veto presidencial não alcançou o art. 44, XI, da Lei 9.433/1997, que validamente prevê "propor ao respectivo ou respectivos Comitês de Bacia Hidrográfica: (...) c) plano de aplicação dos recursos arrecadados com a cobrança pelo uso de recursos hídricos".

VIII – "Autorizar a aplicação, fora da respectiva bacia hidrográfica, dos recursos arrecadados com a cobrança pelo uso dos recursos hídricos, em montantes que excedem o previsto no § 3º do art. 22 desta Lei." Este inciso foi vetado pelo Presidente da República, que disse: "Quanto ao inciso VIII, fica prejudicado pelo veto ao § 3º do art. 22". Foram apresentadas como razões de veto desse art. 22, § 3º: "O art. 22, *caput*, define que os valores arrecadados com a cobrança pelo uso de recursos hídricos serão aplicados prioritariamente na bacia hidrográfica em que forem gerados. O estabelecimento de uma subvinculação na forma de um teto máximo para a alocação de recursos financeiros originados de uma bacia hidrográfica em outra contradiz o próprio *caput*, que atribui ao orçamento a prioridade a ser atendida e em que proporção".

IX – "Estabelecer critérios e promover o rateio de custo de obras de uso múltiplo, de interesse comum ou coletivo." O art. 28, que foi vetado, tinha a seguinte redação: "As obras de uso múltiplo, de interesse comum ou coletivo, terão seus custos rateados por todos os seus beneficiários diretos". Nas razões de veto constou: "A redação do artigo é falha. É impositiva em relação aos beneficiários para que estes participem do rateio do custo das obras, obrigação a que estes não estão necessariamente sujeitos". As razões de veto dizem, ainda: "De resto, o rateio é previsto no inciso IX do art. 38".

Vê-se que o inciso IX do artigo comentado conscientemente não foi vetado. A promoção do rateio de custo de obras de uso múltiplo, de interesse comum ou coletivo, é possível segundo a Lei 9.433/1997. O Comitê estabelecerá critérios do rateio, empregando uma forma de ratear os custos que não incorra no sistema vetado. A Agência de Água proporá ao Comitê, quando entender necessário, esse rateio (art. 44, XI, "d").

O custo de obras de uso múltiplo de interesse comum ou coletivo na bacia hidrográfica merece ser ressarcido inicialmente pela aplicação dos valores arrecadados com o próprio pagamento pelo uso das águas. Não haverá aplicação desses valores no interesse privado do usuário, mas sim no interesse comum ou coletivo.

13.6 Autonomia dos Comitês de Bacia Hidrográfica e intervenção do Conselho Nacional de Recursos Hídricos

O Conselho Nacional de Recursos Hídricos deverá intervir nos Comitês de Bacia Hidrográfica em rios de domínio da União, quando houver manifesta transgressão das normas contidas na Lei 9.433/1997 e na Resolução CNRH 5/2000 (art. 4º da referida resolução).

O fato de o Conselho ter-se dado esse poder de intervenção não acarreta a perda da autonomia dos Comitês de Bacia Hidrográfica. Dentro da estrutura do Sistema Nacional de Recursos Hídricos há uma hierarquia administrativa não de mandonismo, mas de vigilância, para conseguir-se a prática das normas legais hídricas. Por isso é que está assegurada a ampla defesa dos Comitês de Bacia Hidrográfica, e os atos do Conselho deverão estar revestidos de legalidade, finalidade, motivação, razoabilidade, proporcionalidade segurança jurídica, moralidade, contraditório, publicidade, interesse público e eficiência, como mandam a Lei 9.784/1999 e o art. 37 da CF.

13.7 Os Comitês de Bacia Hidrográfica e as entidades delegatárias

13.7.1 Os Comitês de Bacia Hidrográfica e o contrato de gestão

Os Comitês terão oportunidade de emitir seu parecer sobre o contrato antes que o mesmo seja aprovado pelo Ministro de Estado do Meio Ambiente (art. 2º, § 1º, da Lei 10.881/2004). Não só sobre o contrato o Comitê poderá opinar, mas sobre a entidade delegatária que está sendo escolhida pela ANA. Poderá posicionar-se contra a opção efetuada. O parecer não representa um veto; mas, inegavelmente, a motivação apresentada não pode ser ignorada pelo Ministro do Meio Ambiente em suas razões para decidir.

Os Comitês têm a atribuição de aprovar os Planos de Recursos Hídricos que deverão ser aplicados pelas entidades delegatárias.[81] Mais ainda, os Comitês têm o dever de "acompanhar a execução do Plano de Recursos Hídricos da bacia e sugerir as providências necessárias para o cumprimento das metas".[82]

Inegável que os Comitês de Bacia Hidrográfica têm o direito de fiscalizar as entidades delegatárias na aplicação das receitas, podendo sugerir providências para o cumprimento das metas. O termo "sugerir", usado pela Lei 9.433/1997, pode ensejar a interpretação de que os Comitês poderão somente aconselhar as entidades delegatárias, e elas, por sua vontade, acatarão, ou não, o conselho. Não se trata de intromissão indébita dos Comitês quando suas sugestões forem ditadas pela necessidade do cumprimento de metas do Plano de Recursos Hídricos. Não acatadas as sugestões, resta aos Comitês, imediatamente, noticiar o fato à Agência Nacional de Águas, ao Tribunal de Contas e ao Ministério Público.

81. Art. 38, III, da Lei 9.433/1997.
82. Art. 38, IV, da Lei 9.433/1997.

13.7.2 Os Comitês e a informação enviada pelas entidades delegatárias e pela Comissão de Avaliação

A recepção dos relatórios contendo a prestação de contas das entidades delegatárias e sobre a execução do contrato de gestão é um direito à informação a ser exercido pelos Comitês de Bacia Hidrográfica. Ao serem informados, os Comitês devem opinar, ainda que a Lei 10.881/2004 não tenha sido expressa sobre isso. Inadmissível que os Comitês silenciem sobre as informações recebidas.

Para que os Comitês emitam sua opinião, muitas vezes poderão ter que contratar alguma pessoa ou empresa, de forma temporária, para auxiliar na avaliação dos dois relatórios. Os Comitês não estão obrigados a simplesmente endossar a manifestação da Comissão de Avaliação, ainda que seja composta por pessoas de alta capacidade.

13.7.3 Os Comitês de Bacia Hidrográfica e sua secretaria executiva

No art. 7º da Lei 10.881/2004 consta que: "A ANA, na função de secretaria executiva do respectivo ou respectivos Comitês de Bacia Hidrográfica, poderá ser depositária (...)".

Como se vê, essa nova atribuição da ANA resultou de um encarte em matéria totalmente estranha à atividade dos Comitês de Bacia Hidrográfica. Ainda que tal inserção tenha constado da MP 165/2004, essa nova função, se fosse realmente fruto de um posicionamento administrativo amadurecido, mereceria ser inserida em artigo apartado. Da maneira como consta na lei, fica parecendo uma função conseguida de modo pouco claro e sem a devida discussão.

Veja-se, como exemplo, o Conselho Nacional de Recursos Hídricos, que, por força do art. 46 da Lei 9.433/1997 (objeto de nova redação na Lei 9.984/2000), tem sua secretaria executiva em órgão do Ministério do Meio Ambiente (a Secretaria de Recursos Hídricos).

Os Comitês de Bacia Hidrográfica são peças essenciais da tentativa válida e meritória de alargar a participação da sociedade civil na gestão das águas. Colocar sua secretaria executiva dentro do mais poderoso órgão gestor das águas – a ANA – é domesticá-lo e cortar suas asas.

Poder-se-á argumentar que será um modo de sustentar financeiramente os Comitês, pois os mesmos não têm personalidade jurídica. Pondera-se, contudo, que o argumento não procede, pois também o Conselho Nacional de Recursos não tem esse atributo, e nem por isso ficou atrelado à ANA.

O desenvolvimento dos Comitês de Bacia Hidrográfica dirá se esse encaixe legislativo será temporário ou se os Comitês evoluirão para ter personalidade jurídica e uma diminuta, eficiente e autônoma secretaria executiva.

14. AS AGÊNCIAS DE ÁGUA

14.1 Introdução

O termo "agência" está sendo introduzido no Direito brasileiro. Pelo art. 43, II, da Lei 9.433/1997 nota-se que a Agência de Água deve ser autossustentável financeiramente. A sua viabilidade financeira não pode ser buscada no orçamento da União, dos Estados e dos Municípios. A locução "Agências de Água" continuou utilizada pela lei instituidora da ANA-Agência Nacional de Águas, como se constata no art. 4º, §§ 4º e 6º, da Lei 9.984/2000. A expressão "agência de bacia hidrográfica", empregada no § 4º do referido art. 4º, não tem fundamento na Lei 9.433/1997 e não é precisa, pois essa agência não abrange necessariamente a bacia hidrográfica. De outro lado, o art. 44 já dá algumas características da Agência, que serão assentadas no "projeto de lei dispondo sobre a criação das Agências de Água" (art. 53 da Lei 9.433/1997).

14.2 Agências de Água, Sistema Nacional de Gerenciamento de Recursos Hídricos e autonomia dos Estados

As Agências de Água fazem parte do Sistema Nacional de Gerenciamento de Recursos Hídricos. O assunto já foi explanado no item 9, mas merece ser aprofundado com referência às Agências de Água.

Poderiam os Estados criar Agências de Água diferentes do sistema preconizado pelo Cap. IV do Tít. II da Lei 9.433/1997? Parece-nos que a resposta deva ser negativa. Isto é, constitucionalmente, o sistema é único no Brasil (art. 21, XIX, da CF); mas, desde que não se desvirtue a estrutura do Sistema Nacional, os Estados não perdem a sua autonomia de legislar supletivamente sobre o Sistema Estadual de Gerenciamento de Recursos Hídricos (art. 18 da CF).

Baseando-se no que consta nos arts. 41 a 44 da Lei 9.433/1997, antes mesmo do advento da Lei de Agências de Água, os Estados têm competência para legislar sobre a gestão das águas (não sobre as águas, como já foi exposto). Quando for promulgada a Lei (federal) de Agências de Água, os Estados terão o dever constitucional de adaptar suas Agências, no que estas contrariarem a norma federal superveniente (art. 24, § 4º, da CF).

14.3 Agências de Água e o planejamento

Entre as atividades de planejamento, compete às Agências de Água: "manter balanço atualizado da disponibilidade de recursos hídricos em sua área de atuação; manter o cadastro de usuários de recursos hídricos; promover os estudos necessários para a gestão dos recursos hídricos em sua área de atuação e elaborar o Plano de Recursos Hídricos" (art. 44, I, II, VII e IX, da Lei 9.433/1997).

14.4 Agências de Água e a informação

As Agências de Água têm entre suas atribuições a de "gerir o Sistema de Informações sobre Recursos Hídricos em sua área de atuação" (art. 44, VI, da lei comentada), observando todo o capítulo sobre o Sistema de Informações.

De acordo com a Resolução CNRH 5/2000, elaborado o Plano de Recursos Hídricos pela Agência de Água, será responsabilidade do Comitê de Bacia Hidrográfica submeter esse plano à audiência pública.

14.5 Agências de Água e atividade financeira

Entre as atribuições que a Lei 9.433/1997 conferiu, em seu art. 44, às Agências de Água estão as de:

a) "Efetuar, mediante delegação do outorgante, a cobrança pelo uso de recursos hídricos" (inciso III). Com referência aos rios de domínio da União, a ANA poderá delegar às Agências de Água a execução de atividades de sua competência (art. 4º, § 4º, da Lei 9.984/2000).

b) "Analisar e emitir pareceres sobre os projetos e obras a serem financiados com recursos gerados pela cobrança pelo uso de recursos hídricos e encaminhá-los à instituição financeira responsável pela administração desses recursos" (inciso IV). O financiamento de projetos e obras já deve ter sido incluído no Plano de Recursos Hídricos, sem o quê não será possível esse financiamento. Assim, as análises e pareceres das Agências de Água deverão ser anteriores ao Plano de Recursos Hídricos.

A Lei 9.433/1997 poderia ter modificado a legislação concernente ao Sistema Financeiro Nacional e dado às Agências de Água a função de instituição financeira responsável pela administração financeira dos recursos financeiros arrecadados. A lei não o fez, mas deixou em aberto a possibilidade de a Agência escolher a instituição financeira.

c) "Acompanhar a administração financeira dos recursos arrecadados com a cobrança pelo uso de recursos hídricos em sua área de atuação" (inciso V). O verbo "acompanhar", ainda que não tenha a mesma amplitude de "fiscalizar", impõe à Agência de Água a obrigação de, acompanhando a administração financeira, tomar medidas para a correta aplicação dos valores confiados à instituição financeira.

d) "Celebrar convênios e contratar financiamentos e serviços para a execução de suas competências" (inciso VII). Há uma forte corrente de opinião que preconiza um novo método de atuação das Agências de Água, consistente na contratação de terceiros para executarem as obras de despoluição e outras de sua competência, funcionando a Agência com um mínimo de pessoal.

e) "Elaborar a sua proposta orçamentária" (inciso VIII).

f) "Propor os valores a serem cobrados pelo uso de recursos hídricos" (inciso XI, b).

g) "Propor o plano de aplicação dos recursos arrecadados com a cobrança pelo uso de recursos hídricos" (inciso XI, c).

h) "Propor o rateio de custo das obras de uso múltiplo, de interesse comum ou coletivo."

i) Aplicar as receitas recebidas da ANA (art. 4º, § 6º, da Lei 9.984/2000).

14.6 Controle da atividade financeira das Agências de Água

O anteprojeto da Lei das Agências de Água preconiza uma estrita fiscalização, levando-se em conta a natureza jurídica apontada para as Agências, que serão "fundações de Direito Privado", dizendo: "As Agências de Água, cuja área de atuação abranja correntes de água da União, serão fiscalizadas, quanto aos procedimentos efetuados e os resultados obtidos, pelo Tribunal de Contas da União e pelo Ministério Público Federal". Certamente, as legislações estaduais de recursos hídricos irão também buscar meios de controle da seriedade financeira e de controle dos resultados das Agências de Água de rios de domínio dos Estados.

14.7 A substituição das Agências de Água

14.7.1 Introdução

No art. 53 da Lei 9.433/1997 consta: "O Poder Executivo, no prazo de 120 dias a partir da publicação desta Lei, encaminhará ao Congresso Nacional projeto de lei dispondo sobre a criação das Agências de Água". O tema foi objeto de debates em audiência pública em Brasília. Em maio/1997 decorreu o prazo mencionado, e o Poder Executivo não enviou o referido projeto de lei.

Decorridos mais de sete anos da vigência Lei 9.433/1997, o Governo Federal não implementou a criação das Agências de Água. Ao olharmos o Sistema Nacional de Gerenciamento de Recursos Hídricos, estruturado na referida Lei 9.433, constata-se que seria dispensável a existência de uma lei específica para as Agências de Água. Bastaria acrescentar algum artigo, ou até enxertar parágrafos a artigos existentes, definindo-se, por exemplo, o regime jurídico das citadas Agências.

Procurou o Governo Federal, possivelmente, aproveitar experiências em curso que dizem respeito às águas. Alguns tipos de associações, sem fins lucrativos, foram criados, englobando poderes públicos e empresas, para tentar cuidar dos recursos hídricos.

A Presidência da República editou a MP 165/2004, convertida, com modificações, na Lei 10.881/2004 (*DOU* 111, de 11.6.2004, p. 3), que dispõe sobre os contratos de gestão entre a ANA e entidades delegatárias[83] das funções de Agências de Água relativas à gestão de recursos hídricos de domínio da União.

14.7.2 As Agências de Água

14.7.2.1 Relação das Agências de Água com os Comitês de Bacia Hidrográfica

As Agências de Água e os Comitês de Bacia Hidrográfica devem constituir a base dos órgãos integrantes do Sistema Nacional de Gerenciamento de Recursos Hídricos.

As Agências de Água só poderão existir onde houver um Comitê de Bacia Hidrográfica, tanto que "terão a mesma área de atuação de um ou mais Comitês de Bacia Hidrográfica" (art. 42, *caput*, da Lei 9.433/1997). O Comitê deve existir antes da Agência de Água (art. 43, I, da Lei 9.433/1997).

Esses dois órgãos devem agir em conjunto, de forma complementar – a Agência executando e o Comitê planejando e fiscalizando; a Agência

---

83. "*Delegatária*: Diz-se de, ou aquele a quem se delega encargo ou poderes"; "*Delegado*: Aquele que é autorizado por outrem a representá-lo" (Aurélio Buarque Holanda Ferreira, *Novo Aurélio Século XXI*, cit.).

com um mínimo de pessoas e com homogeneidade operativa, e o Comitê mais amplo, na pluralidade e diversidade de sua composição.

Constatando a área de atuação dos Comitês de Bacia Hidrográfica – a bacia hidrográfica inteira ou parte dessa bacia (as sub-bacias, compostas de rios afluentes do rio principal) ou grupo de bacias ou sub-bacias hidrográficas vizinhas (art. 37 da Lei 9.433/1997) –, vemos que as Agências de Água irão ter essa mesma área de atuação.

14.7.2.2 Criação das Agências de Água

O órgão criador da Agência de Água dependerá do domínio das águas. Assim, nos rios de domínio da União o órgão criador será o Conselho Nacional de Recursos Hídricos; e nos rios de domínio de um Estado da Federação será o Conselho Estadual de Recursos Hídricos. Diferente é a criação do Comitê de Bacia Hidrográfica, que no caso dos rios de domínio da União é efetivada por ato do Presidente da República (ainda que a proposição de sua criação deva ser aprovada pelo Conselho Nacional de Recursos Hídricos). A criação da Agência de Água tem uma etapa administrativa a menos – e, portanto, é mais simplificada que a instituição do Comitê.

14.7.2.3 A delegação das funções das Agências de Água

A Lei 10.881/2004 alterou o art. 51 da Lei 9.433/1997. Essa alteração foi para alargar o campo da delegação dos poderes das Agências de Água. Além disso, a Lei 10.881 corrigiu um equívoco jurídico da MP 165/2004, pois só o Conselho Nacional de Recursos Hídricos, e não a ANA, poderia fazer tal delegação.

Diz a redação original do art. 51 da Lei 9.433/1997: "Os consórcios e associações intermunicipais de bacias hidrográficas mencionados no art. 47 poderão receber delegação do Conselho Nacional ou dos Conselhos Estaduais de Recursos Hídricos, por prazo determinado, para o exercício de funções de competência das Agências de Água, enquanto esses organismos não estiverem constituídos".

A Lei 10.881/2004 deu a seguinte redação ao art. 51 da Lei 9.433/1997: "O Conselho Nacional de Recursos Hídricos e os Conselhos Estaduais de Recursos Hídricos poderão delegar a organizações sem fins lucrativos relacionadas no art. 47 desta Lei, por prazo determinado, o exercício de funções de competência das Agências de Água, enquanto esses organismos não estiverem constituídos".

A invocação do art. 51 da Lei 9.433/1997, com sua nova redação, deveria ser ao art. 1º da Lei 10.881/2004, pois o contrato de gestão da ANA com as entidades delegadas só poderá ser efetuado se houver delegação de poderes para essas entidades. Essa delegação é obra exclusiva do Conselho Nacional de Recursos Hídricos.

Delegar funções é transferir para outros órgãos poderes existentes num determinado órgão. "Delegar" é termo derivado do Latim – delegare, significando "confiar, atribuir a, transferir";[84] "delegação" vem do Latim delegatio, traz em suas acepções a ideia de substituição.[85] A capacidade de delegar do Conselho Nacional de Recursos Hídricos, como se vê, constava da Lei 9.433/1997, na antiga redação do art. 51, mas com um espectro mais restrito, pois só poderia transferir os poderes das Agências de Água para duas organizações civis de recursos hídricos.

A Lei 10.881/2004 opera um alargamento dos tipos de organizações civis de recursos hídricos que poderão receber a delegação das funções das Agências de Água. A lei não estabeleceu um único modelo de entidade delegatária, nem um tipo preferencial. A prática irá mostrar se foi uma medida acertada, ou um equívoco, essa pulverização de modelos de organizações civis. Não se decretou a morte das Agências de Água. Elas poderão ser instituídas a qualquer tempo – e, em consequência, encerra-se o contrato de gestão com a entidade delegatária, na sua área de atuação (art. 1º, § 2º, da Lei 10.881/2004).

14.7.3 As entidades delegatárias das Agências de Água

Três características precisam estar presentes na entidade que pretenda receber a delegação de poderes da parte dos Conselhos tanto Nacional como Estaduais de Recursos Hídricos: a) ser uma organização civil de recursos hídricos; b) não ter fins lucrativos; e c) ser legalmente constituída.

Como todo ato administrativo, a opção do Conselho por alguma das organizações civis de recursos hídricos deve seguir o art. 37 da CF e a Lei 9.784, de 20.1.1999 (art. 2º), inclusive apresentando sólida motivação. Todas as organizações civis de recursos hídricos de uma bacia hidrográfica podem candidatar-se ao procedimento de seleção, independentemente

---

84. Antônio G. da Cunha, *Dicionário Etimológico da Língua Portuguesa*, Rio de Janeiro, Nova Fronteira, 1982, p. 244.

85. José Cretella Júnior e Geraldo Ulhoa Cintra, *Dicionário Latino-Português*, São Paulo, Cia. Editora Nacional, 1950, p. 299.

do tempo de sua existência. O Conselho Nacional de Recursos Hídricos poderá estabelecer outros requisitos para essas organizações, desde que se permita a eficiência, moralidade, plena publicidade e impessoalidade nos critérios de escolha.

15. ORGANIZAÇÕES CIVIS DE RECURSOS HÍDRICOS

15.1 Conceito e tipos de organizações

A Lei 9.433/1997 é sensível a uma das ideias inovadoras da segunda metade do século XX: a presença das organizações ou associações nos colegiados diretivos dos interesses coletivos. Não se faz, aqui, favor algum aos movimentos sociais, inclusive os especificamente ambientalistas.

O Brasil iniciou com êxito essa política ao instituir o Conselho Nacional do Meio Ambiente-CONAMA (Lei 6.938/1981), onde as associações ambientais e os setores dos empresários e empregados foram representados.

O termo "civil", que se utilizou na Lei 9.433/1997, pode não ser o melhor, mas tem sido utilizado para indicar o corpo social que não está inserido permanentemente no Governo. Os interesses difusos e coletivos não são mais geridos somente por funcionários públicos e pelas pessoas que foram eleitas através da representação partidária.

O art. 47 da Lei 9.433/1997 apresenta um rol de organizações no qual vamos encontrar o próprio Poder Público participando. Encontraremos o Poder Público nos "consórcios e associações intermunicipais de bacias hidrográficas", podendo encontrá-lo também nas associações de usuários e nas organizações de ensino e pesquisa. Reiteramos neste item nosso comentário feito nos itens 13.4.2 e 13.4.3 sobre a conceituação de "usuários" e de "comunidades indígenas".

A lei exige que cada uma dessas organizações ou entidades seja "legalmente constituída" (art. 48). A constituição legal passa pela observância do Código Civil e da Lei de Registros Públicos (Lei 6.015, de 31.12.1973). Contudo, não consta da lei que qualquer dessas organizações deva ter seus estatutos aprovados previamente pela União ou pelos Estados. Tal aprovação não pode constar de qualquer regulamentação, pois estaria havendo uma infidelidade à lei (art. 84, IV, da CF). Se os estatutos de uma organização forem contrários ao interesse público, ou se a mesma não estiver funcionando consoante suas próprias normas, os interessados poderão valer-se dos meios judiciais.

Podem ser entidades delegadas das funções da Agência de Água os tipos de organizações constantes do art. 47, I a IV, da Lei 9.433/1997.[86] O inciso V do art. 47 reconhece ao Conselho Nacional de Recursos Hídricos e aos Conselhos Estaduais de Recursos Hídricos a competência para incluir outras organizações no rol daquelas do art. 47.

Os Comitês de Bacias Hidrográficas, que devem atuar tão próximos das Agências de Água ou das entidades delegadas, não podem ser compostos por uma maioria de órgãos públicos. A representação dos Poderes Executivos da União, Estados, Distrito Federal e Municípios só poderá chegar à metade do total do Comitê (art. 39, § 1º, da Lei 9.433/1997).

Não se trata de estabelecer confrontos ou separações absolutas entre o público e o privado.[87] Na composição das organizações civis de recursos hídricos os entes públicos podem estar presentes, não de forma majoritária. Tenta-se fazer participarem do poder político ambiental, no campo específico das águas, segmentos da população que não estão no governo.[88]

De outro lado, os institutos de pesquisa e de educação que detenham um mínimo de autonomia, mesmo sendo públicos, não são necessariamente governamentais (não se trata, aqui, das Secretarias de Educação ou de Ciência e Tecnologia, dos diferentes níveis de governo, que, sem dúvida, integram os Poderes Executivos).

---

86. São as seguintes organizações: consórcios intermunicipais de bacias hidrográficas; associações intermunicipais de bacias hidrográficas; associações regionais de usuários de recursos hídricos; associações locais de usuários de recursos hídricos; associações setoriais de usuários de recursos hídricos; organizações técnicas com interesse na área de recursos hídricos; organizações de ensino e pesquisa com interesse na área de recursos hídricos; organizações não governamentais com objetivos de defesa de interesses difusos e coletivos da sociedade.

87. "A vida democrática moderna não se limita às instituições representativas. Ela supõe, de direito e de fato, o diálogo permanente, tanto aberto, como firme e até tenso, entre a opinião pública e o aparelho de Estado. Os atores da sociedade civil, como as associações e os movimentos, mas também os intelectuais e os jornalistas, cumprem uma missão importante, contribuindo para informar e mobilizar a opinião, estruturar tomadas de posição e tornar audível, em relação aos governantes, as reivindicações dos cidadãos" (Benoît Frydmann e Haarscher, *Philosophie du Droit*, Paris, Dalloz, 2002, p. 62).

88. Jurgen Habermas mostra a evolução histórica da diferenciação do privado e do público determinando "a antítese *intramundana* da sociedade privatizada e a autoridade política" (*A Mudança Estrutural da Esfera Pública*, trad. de Flávio R. Kothe, Rio de Janeiro, Tempo Brasileiro, 2003, p. 315).

15.2 As organizações civis de recursos hídricos não devem ter fins lucrativos

As referidas organizações, se não tiverem fins econômicos, poderão constituir-se como associações[89] ou como fundações.[90]

A organização civil de recursos hídricos não se confunde com a "organização da sociedade civil de interesse público", ainda que ambas não tenham fins lucrativos.[91]

Interessa trazer o conceito de "ausência de fins lucrativos" constante da lei instituidora das organizações da sociedade civil de interesse público: "a pessoa jurídica de direito privado que não distribui, entre os seus sócios ou associados, conselheiros, diretores, empregados ou doadores, eventuais excedentes operacionais, brutos ou líquidos, dividendos, bonificações, participações ou parcelas de seu patrimônio, auferidos mediante o exercício de suas atividades, e que os aplica integralmente na consecução do objeto social".

As organizações civis de recursos hídricos muitas vezes exercerão atividades econômicas. Por exemplo, a Lei 10.881/2004 prevê entre as atividades da entidade delegatária a de realizar "compras e contratação de obras e serviços com o emprego de recursos públicos" (art. 9º). A entidade delegatária não está, pois, impedida de exercer atividade econômica, mas lhe está interditado buscar "fins econômicos", pois "constituem-se as associações pela união de pessoas que se organizem para fins não econômicos" (art. 53, *caput*, do CC), ou "fins lucrativos", de acordo com o próprio *caput* do art. 1º da Lei 10.881/2004. Entendo que somente haverá "sociedade" quando, além da atividade econômica, houver a partilha dos resultados ou dos lucros entre os sócios, conforme o art. 981 do CC.

---

89. Art. 53 da Lei 10.406, de 10.1.2002 – Código Civil.
90. Art. 62 da Lei 10.406, de 10.1.2002 – Código Civil.
91. Lei 9.790, de 23.3.1999.

ANEXO

Lei 9.433, de 8 de janeiro de 1997

Institui a Política Nacional de Recursos Hídricos, cria o Sistema Nacional de Gerenciamento de Recursos Hídricos, regulamenta o inciso XIX do art. 21 da Constituição Federal, e altera o art. 1º da Lei 8.001, de 13 de março de 1990, que modificou a Lei 7.990, de 28 de dezembro de 1989.

O Presidente da República – Faço saber que o Congresso Nacional decreta e eu sanciono a seguinte Lei:

Título I – Da Política Nacional de Recursos Hídricos
Capítulo I – Dos Fundamentos

Art. 1º. A Política Nacional de Recursos Hídricos baseia-se nos seguintes fundamentos:

I – a água é um bem de domínio público;

II – a água é um recurso natural limitado, dotado de valor econômico;

III – em situações de escassez, o uso prioritário dos recursos hídricos é o consumo humano e a dessedentação de animais;

IV – a gestão dos recursos hídricos deve sempre proporcionar o uso múltiplo das águas;

V – a bacia hidrográfica é a unidade territorial para implementação da Política Nacional de Recursos Hídricos e atuação do Sistema Nacional de Gerenciamento de Recursos Hídricos;

VI – a gestão dos recursos hídricos deve ser descentralizada e contar com a participação do Poder Público, dos usuários e das comunidades.

Capítulo II – Dos Objetivos

Art. 2º. São objetivos da Política Nacional de Recursos Hídricos:

I – assegurar à atual e às futuras gerações a necessária disponibilidade de água, em padrões de qualidade adequados aos respectivos usos;

II – a utilização racional e integrada dos recursos hídricos, incluindo o transporte aquaviário, com vistas ao desenvolvimento sustentável;

III – a prevenção e a defesa contra eventos hidrológicos críticos de origem natural ou decorrentes do uso inadequado dos recursos naturais.

IV – incentivar e promover a captação, a preservação e o aproveitamento de águas pluviais. (*Incluído pela Lei 13.501, de 2017*)

Capítulo III – Das Diretrizes Gerais de Ação

Art. 3º. Constituem diretrizes gerais de ação para implementação da Política Nacional de Recursos Hídricos:

I – a gestão sistemática dos recursos hídricos, sem dissociação dos aspectos de quantidade e qualidade;

II – a adequação da gestão de recursos hídricos às diversidades físicas, bióticas, demográficas, econômicas, sociais e culturais das diversas regiões do País;

III – a integração da gestão de recursos hídricos com a gestão ambiental;

IV – a articulação do planejamento de recursos hídricos com o dos setores usuários e com os planejamentos regional, estadual e nacional;

V – a articulação da gestão de recursos hídricos com a do uso do solo;

VI – a integração da gestão das bacias hidrográficas com a dos sistemas estuarinos e zonas costeiras.

Art. 4º. A União articular-se-á com os Estados tendo em vista o gerenciamento dos recursos hídricos de interesse comum.

Capítulo IV – Dos Instrumentos

Art. 5º. São instrumentos da Política Nacional de Recursos Hídricos:

I – os Planos de Recursos Hídricos;

II – o enquadramento dos corpos de água em classes, segundo os usos preponderantes da água;

III – a outorga dos direitos de uso de recursos hídricos;

IV – a cobrança pelo uso de recursos hídricos;

V – a compensação a municípios;

VI – o Sistema de Informações sobre Recursos Hídricos.

Seção I – Dos Planos de Recursos Hídricos

Art. 6º. Os Planos de Recursos Hídricos são planos diretores que visam a fundamentar e orientar a implementação da Política Nacional de Recursos Hídricos e o gerenciamento dos recursos hídricos.

Art. 7º. Os Planos de Recursos Hídricos são planos de longo prazo, com horizonte de planejamento compatível com o período de implantação de seus programas e projetos e terão o seguinte conteúdo mínimo:

I – diagnóstico da situação atual dos recursos hídricos;

II – análise de alternativas de crescimento demográfico, de evolução de atividades produtivas e de modificações dos padrões de ocupação do solo;

III – balanço entre disponibilidades e demandas futuras dos recursos hídricos, em quantidade e qualidade, com identificação de conflitos potenciais;

IV – metas de racionalização de uso, aumento da quantidade e melhoria da qualidade dos recursos hídricos disponíveis;

V – medidas a serem tomadas, programas a serem desenvolvidos e projetos a serem implantados, para o atendimento das metas previstas;

VI – (*Vetado*)

VII – (*Vetado*)

VIII – prioridades para outorga de direitos de uso de recursos hídricos;

IX – diretrizes e critérios para a cobrança pelo uso dos recursos hídricos;

X – propostas para a criação de áreas sujeitas a restrição de uso, com vistas à proteção dos recursos hídricos.

Art. 8º. Os Planos de Recursos Hídricos serão elaborados por bacia hidrográfica, por Estado e para o País.

Seção II – Do Enquadramento dos Corpos de Água em Classes, segundo os Usos Preponderantes da Água

Art. 9º. O enquadramento dos corpos de água em classes, segundo os usos preponderantes da água, visa a:

I – assegurar às águas qualidade compatível com os usos mais exigentes a que forem destinadas;

II – diminuir os custos de combate à poluição das águas, mediante ações preventivas permanentes.

Art. 10. As classes de corpos de água serão estabelecidas pela legislação ambiental.

Seção III – Da Outorga de Direitos de Uso de Recursos Hídricos

Art. 11. O regime de outorga de direitos de uso de recursos hídricos tem como objetivos assegurar o controle quantitativo e qualitativo dos usos da água e o efetivo exercício dos direitos de acesso à água.

Art. 12. Estão sujeitos a outorga pelo Poder Público os direitos dos seguintes usos de recursos hídricos:

I – derivação ou captação de parcela da água existente em um corpo de água para consumo final, inclusive abastecimento público, ou insumo de processo produtivo;

II – extração de água de aquífero subterrâneo para consumo final ou insumo de processo produtivo;

III – lançamento em corpo de água de esgotos e demais resíduos líquidos ou gasosos, tratados ou não, com o fim de sua diluição, transporte ou disposição final;

IV – aproveitamento dos potenciais hidrelétricos;

V – outros usos que alterem o regime, a quantidade ou a qualidade da água existente em um corpo de água.

§ 1º. Independem de outorga pelo Poder Público, conforme definido em regulamento:

I – o uso de recursos hídricos para a satisfação das necessidades de pequenos núcleos populacionais, distribuídos no meio rural;

II – as derivações, captações e lançamentos considerados insignificantes;

III – as acumulações de volumes de água consideradas insignificantes.

§ 2º. A outorga e a utilização de recursos hídricos para fins de geração de energia elétrica estará subordinada ao Plano Nacional de Recursos Hídricos, aprovado na forma do disposto no inciso VIII do art. 35 desta Lei, obedecida a disciplina da legislação setorial específica.

Art. 13. Toda outorga estará condicionada às prioridades de uso estabelecidas nos Planos de Recursos Hídricos e deverá respeitar a classe em que o corpo de água estiver enquadrado e a manutenção de condições adequadas ao transporte aquaviário, quando for o caso.

Parágrafo único. A outorga de uso dos recursos hídricos deverá preservar o uso múltiplo destes.

Art. 14. A outorga efetivar-se-á por ato da autoridade competente do Poder Executivo Federal, dos Estados ou do Distrito Federal.

§ 1º. O Poder Executivo Federal poderá delegar aos Estados e ao Distrito Federal competência para conceder outorga de direito de uso de recurso hídrico de domínio da União.

§ 2º. (*Vetado*)

Art. 15. A outorga de direito de uso de recursos hídricos poderá ser suspensa parcial ou totalmente, em definitivo ou por prazo determinado, nas seguintes circunstâncias:

I – não cumprimento pelo outorgado dos termos da outorga;

II – ausência de uso por três anos consecutivos;

III – necessidade premente de água para atender a situações de calamidade, inclusive as decorrentes de condições climáticas adversas;

IV – necessidade de se prevenir ou reverter grave degradação ambiental;0

V – necessidade de se atender a usos prioritários, de interesse coletivo, para os quais não se disponha de fontes alternativas;

VI – necessidade de serem mantidas as características de navegabilidade do corpo de água.

Art. 16. Toda outorga de direitos de uso de recursos hídricos far-se-á por prazo não excedente a trinta e cinco anos, renovável.

Art. 17. (*Vetado*)

Art. 18. A outorga não implica a alienação parcial das águas, que são inalienáveis, mas o simples direito de seu uso.

Seção IV – Da Cobrança do Uso de Recursos Hídricos

Art. 19. A cobrança pelo uso de recursos hídricos objetiva:

I – reconhecer a água como bem econômico e dar ao usuário uma indicação de seu real valor;

II – incentivar a racionalização do uso da água;

III – obter recursos financeiros para o financiamento dos programas e intervenções contemplados nos planos de recursos hídricos.

Art. 20. Serão cobrados os usos de recursos hídricos sujeitos a outorga, nos termos do art. 12 desta Lei.

Parágrafo único. (*Vetado*)

Art. 21. Na fixação dos valores a serem cobrados pelo uso dos recursos hídricos devem ser observados, dentre outros:

I – nas derivações, captações e extrações de água, o volume retirado e seu regime de variação;

II – nos lançamentos de esgotos e demais resíduos líquidos ou gasosos, o volume lançado e seu regime de variação e as características físico-químicas, biológicas e de toxidade do afluente.

Art. 22. Os valores arrecadados com a cobrança pelo uso de recursos hídricos serão aplicados prioritariamente na bacia hidrográfica em que foram gerados e serão utilizados:

I – no financiamento de estudos, programas, projetos e obras incluídos nos Planos de Recursos Hídricos;

II – no pagamento de despesas de implantação e custeio administrativo dos órgãos e entidades integrantes do Sistema Nacional de Gerenciamento de Recursos Hídricos.

§ 1º. A aplicação nas despesas previstas no inciso II deste artigo é limitada a sete e meio por cento do total arrecadado.

§ 2º. Os valores previstos no *caput* deste artigo poderão ser aplicados a fundo perdido em projetos e obras que alterem, de modo considerado benéfico à coletividade, a qualidade, a quantidade e o regime de vazão de um corpo de água.

§ 3º. (*Vetado*)

Art. 23. (*Vetado*)

Seção V – Da Compensação a Municípios

Art. 24. (*Vetado*)

Seção VI – Do Sistema de Informações sobre Recursos Hídricos

Art. 25. O Sistema de Informações sobre Recursos Hídricos é um sistema de coleta, tratamento, armazenamento e recuperação de informações sobre recursos hídricos e fatores intervenientes em sua gestão.

Parágrafo único. Os dados gerados pelos órgãos integrantes do Sistema Nacional de Gerenciamento de Recursos Hídricos serão incorporados ao Sistema Nacional de Informações sobre Recursos Hídricos.

Art. 26. São princípios básicos para o funcionamento do Sistema de Informações sobre Recursos Hídricos:

I – descentralização da obtenção e produção de dados e informações;

II – coordenação unificada do sistema;

III – acesso aos dados e informações garantido à toda a sociedade.

Art. 27. São objetivos do Sistema Nacional de Informações sobre Recursos Hídricos:

I – reunir, dar consistência e divulgar os dados e informações sobre a situação qualitativa e quantitativa dos recursos hídricos no Brasil;

II – atualizar permanentemente as informações sobre disponibilidade e demanda de recursos hídricos em todo o território nacional;

III – fornecer subsídios para a elaboração dos Planos de Recursos Hídricos.

Capítulo V – Do Rateio de Custos das Obras de Uso Múltiplo, de Interesse Comum ou Coletivo

Art. 28. (*Vetado*)

Capítulo VI – DA AÇÃO DO PODER PÚBLICO

Art. 29. Na implementação da Política Nacional de Recursos Hídricos, compete ao Poder Executivo Federal:

I – tomar as providências necessárias à implementação e ao funcionamento do Sistema Nacional de Gerenciamento de Recursos Hídricos;

II – outorgar os direitos de uso de recursos hídricos, e regulamentar e fiscalizar os usos, na sua esfera de competência;

III – implantar e gerir o Sistema de Informações sobre Recursos Hídricos, em âmbito nacional;

IV – promover a integração da gestão de recursos hídricos com a gestão ambiental.

Parágrafo único. O Poder Executivo Federal indicará, por decreto, a autoridade responsável pela efetivação de outorgas de direito de uso dos recursos hídricos sob domínio da União.

Art. 30. Na implementação da Política Nacional de Recursos Hídricos, cabe aos Poderes Executivos Estaduais e do Distrito Federal, na sua esfera de competência:

I – outorgar os direitos de uso de recursos hídricos e regulamentar e fiscalizar os seus usos;

II – realizar o controle técnico das obras de oferta hídrica;

III – implantar e gerir o Sistema de Informações sobre Recursos Hídricos, em âmbito estadual e do Distrito Federal;

IV – promover a integração da gestão de recursos hídricos com a gestão ambiental.

Art. 31. Na implementação da Política Nacional de Recursos Hídricos, os Poderes Executivos do Distrito Federal e dos municípios promoverão a integração das políticas locais de saneamento básico, de uso, ocupação e conservação do solo e de meio ambiente com as políticas federal e estaduais de recursos hídricos.

Título II – Do Sistema Nacional de Gerenciamento de Recursos Hídricos

Capítulo I – Dos Objetivos e da Composição

Art. 32. Fica criado o Sistema Nacional de Gerenciamento de Recursos Hídricos, com os seguintes objetivos:

I – coordenar a gestão integrada das águas;

II – arbitrar administrativamente os conflitos relacionados com os recursos hídricos;

III – implementar a Política Nacional de Recursos Hídricos;

IV – planejar, regular e controlar o uso, a preservação e a recuperação dos recursos hídricos;

V – promover a cobrança pelo uso de recursos hídricos.

Art. 33. Integram o Sistema Nacional de Gerenciamento de Recursos Hídricos: (*Redação dada pela Lei 9.984, de 2000*)

I – o Conselho Nacional de Recursos Hídricos; (*Redação dada pela Lei 9.984, de 2000*)

I-A. – a Agência Nacional de Águas; (*Incluído pela Lei 9.984, de 2000*)

II – os Conselhos de Recursos Hídricos dos Estados e do Distrito Federal; (*Redação dada pela Lei 9.984, de 2000*)

III – os Comitês de Bacia Hidrográfica; (*Redação dada pela Lei 9.984, de 2000*)

IV – os órgãos dos poderes públicos federal, estaduais, do Distrito Federal e municipais cujas competências se relacionem com a gestão de recursos hídricos; (*Redação dada pela Lei 9.984, de 2000*)

V – as Agências de Água. (*Redação dada pela Lei 9.984, de 2000*)

Capítulo II – Do Conselho Nacional de Recursos Hídricos

Art. 34. O Conselho Nacional de Recursos Hídricos é composto por:

I – representantes dos Ministérios e Secretarias da Presidência da República com atuação no gerenciamento ou no uso de recursos hídricos;

II – representantes indicados pelos Conselhos Estaduais de Recursos Hídricos;

III – representantes dos usuários dos recursos hídricos;

IV – representantes das organizações civis de recursos hídricos.

Parágrafo único. O número de representantes do Poder Executivo Federal não poderá exceder à metade mais um do total dos membros do Conselho Nacional de Recursos Hídricos.

Art. 35. Compete ao Conselho Nacional de Recursos Hídricos:

I – promover a articulação do planejamento de recursos hídricos com os planejamentos nacional, regional, estaduais e dos setores usuários;

II – arbitrar, em última instância administrativa, os conflitos existentes entre Conselhos Estaduais de Recursos Hídricos;

III – deliberar sobre os projetos de aproveitamento de recursos hídricos cujas repercussões extrapolem o âmbito dos Estados em que serão implantados;

IV – deliberar sobre as questões que lhe tenham sido encaminhadas pelos Conselhos Estaduais de Recursos Hídricos ou pelos Comitês de Bacia Hidrográfica;

V – analisar propostas de alteração da legislação pertinente a recursos hídricos e à Política Nacional de Recursos Hídricos;

VI – estabelecer diretrizes complementares para implementação da Política Nacional de Recursos Hídricos, aplicação de seus instrumentos e atuação do Sistema Nacional de Gerenciamento de Recursos Hídricos;

VII – aprovar propostas de instituição dos Comitês de Bacia Hidrográfica e estabelecer critérios gerais para a elaboração de seus regimentos;

VIII – (*Vetado*)

IX – acompanhar a execução e aprovar o Plano Nacional de Recursos Hídricos e determinar as providências necessárias ao cumprimento de suas metas; (*Redação dada pela Lei 9.984, de 2000*)

X – estabelecer critérios gerais para a outorga de direitos de uso de recursos hídricos e para a cobrança por seu uso.

XI – zelar pela implementação da Política Nacional de Segurança de Barragens (PNSB); (*Incluído pela Lei 12.334, de 2010*)

XII – estabelecer diretrizes para implementação da PNSB, aplicação de seus instrumentos e atuação do Sistema Nacional de Informações sobre Segurança de Barragens (SNISB); (*Incluído pela Lei 12.334, de 2010*)

XIII – apreciar o Relatório de Segurança de Barragens, fazendo, se necessário, recomendações para melhoria da segurança das obras, bem como encaminhá-lo ao Congresso Nacional. (*Incluído pela Lei 12.334, de 2010*)

Art. 36. O Conselho Nacional de Recursos Hídricos será gerido por:

I – um Presidente, que será o Ministro titular do Ministério do Meio Ambiente, dos Recursos Hídricos e da Amazônia Legal;

II – um Secretário Executivo, que será o titular do órgão integrante da estrutura do Ministério do Meio Ambiente, dos Recursos Hídricos e da Amazônia Legal, responsável pela gestão dos recursos hídricos.

Capítulo III – Dos Comitês de Bacia Hidrográfica

Art. 37. Os Comitês de Bacia Hidrográfica terão como área de atuação:

I – a totalidade de uma bacia hidrográfica;

II – sub-bacia hidrográfica de tributário do curso de água principal da bacia, ou de tributário desse tributário; ou

III – grupo de bacias ou sub-bacias hidrográficas contíguas.

Parágrafo único. A instituição de Comitês de Bacia Hidrográfica em rios de domínio da União será efetivada por ato do Presidente da República.

Art. 38. Compete aos Comitês de Bacia Hidrográfica, no âmbito de sua área de atuação:

I – promover o debate das questões relacionadas a recursos hídricos e articular a atuação das entidades intervenientes;

II – arbitrar, em primeira instância administrativa, os conflitos relacionados aos recursos hídricos;

III – aprovar o Plano de Recursos Hídricos da bacia;

IV – acompanhar a execução do Plano de Recursos Hídricos da bacia e sugerir as providências necessárias ao cumprimento de suas metas;

V – propor ao Conselho Nacional e aos Conselhos Estaduais de Recursos Hídricos as acumulações, derivações, captações e lançamentos de pouca expressão, para efeito de isenção da obrigatoriedade de outorga de direitos de uso de recursos hídricos, de acordo com os domínios destes;

VI – estabelecer os mecanismos de cobrança pelo uso de recursos hídricos e sugerir os valores a serem cobrados;

VII – (*Vetado*)

VIII – (*Vetado*)

IX – estabelecer critérios e promover o rateio de custo das obras de uso múltiplo, de interesse comum ou coletivo.

Parágrafo único. Das decisões dos Comitês de Bacia Hidrográfica caberá recurso ao Conselho Nacional ou aos Conselhos Estaduais de Recursos Hídricos, de acordo com sua esfera de competência.

Art. 39. Os Comitês de Bacia Hidrográfica são compostos por representantes:

I – da União;

II – dos Estados e do Distrito Federal cujos territórios se situem, ainda que parcialmente, em suas respectivas áreas de atuação;

III – dos Municípios situados, no todo ou em parte, em sua área de atuação;

IV – dos usuários das águas de sua área de atuação;

V – das entidades civis de recursos hídricos com atuação comprovada na bacia.

§ 1º. O número de representantes de cada setor mencionado neste artigo, bem como os critérios para sua indicação, serão estabelecidos nos regimentos dos comitês, limitada a representação dos poderes executivos da União, Estados, Distrito Federal e Municípios à metade do total de membros.

§ 2º. Nos Comitês de Bacia Hidrográfica de bacias de rios fronteiriços e transfronteiriços de gestão compartilhada, a representação da União deverá incluir um representante do Ministério das Relações Exteriores.

§ 3º. Nos Comitês de Bacia Hidrográfica de bacias cujos territórios abranjam terras indígenas devem ser incluídos representantes:

I – da Fundação Nacional do Índio – FUNAI, como parte da representação da União;

II – das comunidades indígenas ali residentes ou com interesses na bacia.

§ 4º. A participação da União nos Comitês de Bacia Hidrográfica com área de atuação restrita a bacias de rios sob domínio estadual, dar-se-á na forma estabelecida nos respectivos regimentos.

Art. 40. Os Comitês de Bacia Hidrográfica serão dirigidos por um Presidente e um Secretário, eleitos dentre seus membros.

Capítulo IV – Das Agências de Água

Art. 41. As Agências de Água exercerão a função de secretaria executiva do respectivo ou respectivos Comitês de Bacia Hidrográfica.

Art. 42. As Agências de Água terão a mesma área de atuação de um ou mais Comitês de Bacia Hidrográfica.

Parágrafo único. A criação das Agências de Água será autorizada pelo Conselho Nacional de Recursos Hídricos ou pelos Conselhos Estaduais de Recursos Hídricos mediante solicitação de um ou mais Comitês de Bacia Hidrográfica.

Art. 43. A criação de uma Agência de Água é condicionada ao atendimento dos seguintes requisitos:

I – prévia existência do respectivo ou respectivos Comitês de Bacia Hidrográfica;

II – viabilidade financeira assegurada pela cobrança do uso dos recursos hídricos em sua área de atuação.

Art. 44. Compete às Agências de Água, no âmbito de sua área de atuação:

I – manter balanço atualizado da disponibilidade de recursos hídricos em sua área de atuação;

II – manter o cadastro de usuários de recursos hídricos;

III – efetuar, mediante delegação do outorgante, a cobrança pelo uso de recursos hídricos;

IV – analisar e emitir pareceres sobre os projetos e obras a serem financiados com recursos gerados pela cobrança pelo uso de Recursos Hídricos e encaminhá-los à instituição financeira responsável pela administração desses recursos;

V – acompanhar a administração financeira dos recursos arrecadados com a cobrança pelo uso de recursos hídricos em sua área de atuação;

VI – gerir o Sistema de Informações sobre Recursos Hídricos em sua área de atuação;

VII – celebrar convênios e contratar financiamentos e serviços para a execução de suas competências;

VIII – elaborar a sua proposta orçamentária e submetê-la à apreciação do respectivo ou respectivos Comitês de Bacia Hidrográfica;

IX – promover os estudos necessários para a gestão dos recursos hídricos em sua área de atuação;

X – elaborar o Plano de Recursos Hídricos para apreciação do respectivo Comitê de Bacia Hidrográfica;

XI – propor ao respectivo ou respectivos Comitês de Bacia Hidrográfica:

a) o enquadramento dos corpos de água nas classes de uso, para encaminhamento ao respectivo Conselho Nacional ou Conselhos Estaduais de Recursos Hídricos, de acordo com o domínio destes;

b) os valores a serem cobrados pelo uso de recursos hídricos;

c) o plano de aplicação dos recursos arrecadados com a cobrança pelo uso de recursos hídricos;

d) o rateio de custo das obras de uso múltiplo, de interesse comum ou coletivo.

Capítulo V – Da Secretaria Executiva do Conselho Nacional de Recursos Hídricos

Art. 45. A Secretaria Executiva do Conselho Nacional de Recursos Hídricos será exercida pelo órgão integrante da estrutura do Ministério do

Meio Ambiente, dos Recursos Hídricos e da Amazônia Legal, responsável pela gestão dos recursos hídricos.

Art. 46. Compete à Secretaria Executiva do Conselho Nacional de Recursos Hídricos: (*Redação dada pela Lei 9.984, de 2000*)

I – prestar apoio administrativo, técnico e financeiro ao Conselho Nacional de Recursos Hídricos; (*Redação dada pela Lei 9.984, de 2000*)

II – revogado; (*Redação dada pela Lei 9.984, de 2000*)

III – instruir os expedientes provenientes dos Conselhos Estaduais de Recursos Hídricos e dos Comitês de Bacia Hidrográfica;" (*Redação dada pela Lei 9.984, de 2000*)

IV – revogado; (*Redação dada pela Lei 9.984, de 2000*)

V – elaborar seu programa de trabalho e respectiva proposta orçamentária anual e submetê-los à aprovação do Conselho Nacional de Recursos Hídricos. (*Redação dada pela Lei 9.984, de 2000*)

Capítulo VI – DAS ORGANIZAÇÕES CIVIS DE RECURSOS HÍDRICOS

Art. 47. São consideradas, para os efeitos desta Lei, organizações civis de recursos hídricos:

I – consórcios e associações intermunicipais de bacias hidrográficas;

II – associações regionais, locais ou setoriais de usuários de recursos hídricos;

III – organizações técnicas e de ensino e pesquisa com interesse na área de recursos hídricos;

IV – organizações não-governamentais com objetivos de defesa de interesses difusos e coletivos da sociedade;

V – outras organizações reconhecidas pelo Conselho Nacional ou pelos Conselhos Estaduais de Recursos Hídricos.

Art. 48. Para integrar o Sistema Nacional de Recursos Hídricos, as organizações civis de recursos hídricos devem ser legalmente constituídas.

Título III – DAS INFRAÇÕES E PENALIDADES

Art. 49. Constitui infração das normas de utilização de recursos hídricos superficiais ou subterrâneos:

I – derivar ou utilizar recursos hídricos para qualquer finalidade, sem a respectiva outorga de direito de uso;

II – iniciar a implantação ou implantar empreendimento relacionado com a derivação ou a utilização de recursos hídricos, superficiais ou subterrâneos, que implique alterações no regime, quantidade ou qualidade dos mesmos, sem autorização dos órgãos ou entidades competentes;

III – (*Vetado*)

IV – utilizar-se dos recursos hídricos ou executar obras ou serviços relacionados com os mesmos em desacordo com as condições estabelecidas na outorga;

V – perfurar poços para extração de água subterrânea ou operá-los sem a devida autorização;

VI – fraudar as medições dos volumes de água utilizados ou declarar valores diferentes dos medidos;

VII – infringir normas estabelecidas no regulamento desta Lei e nos regulamentos administrativos, compreendendo instruções e procedimentos fixados pelos órgãos ou entidades competentes;

VIII – obstar ou dificultar a ação fiscalizadora das autoridades competentes no exercício de suas funções.

Art. 50. Por infração de qualquer disposição legal ou regulamentar referentes à execução de obras e serviços hidráulicos, derivação ou utilização de recursos hídricos de domínio ou administração da União, ou pelo não atendimento das solicitações feitas, o infrator, a critério da autoridade competente, ficará sujeito às seguintes penalidades, independentemente de sua ordem de enumeração:

I – advertência por escrito, na qual serão estabelecidos prazos para correção das irregularidades;

II – multa, simples ou diária, proporcional à gravidade da infração, de R$ 100,00 (cem reais) a R$ 10.000,00 (dez mil reais);

III – embargo provisório, por prazo determinado, para execução de serviços e obras necessárias ao efetivo cumprimento das condições de outorga ou para o cumprimento de normas referentes ao uso, controle, conservação e proteção dos recursos hídricos;

IV – embargo definitivo, com revogação da outorga, se for o caso, para repor incontinenti, no seu antigo estado, os recursos hídricos, leitos e margens, nos termos dos arts. 58 e 59 do Código de Águas ou tamponar os poços de extração de água subterrânea.

§ 1º. Sempre que da infração cometida resultar prejuízo a serviço público de abastecimento de água, riscos à saúde ou à vida, perecimento de bens ou animais, ou prejuízos de qualquer natureza a terceiros, a multa a ser aplicada nunca será inferior à metade do valor máximo cominado em abstrato.

§ 2º. No caso dos incisos III e IV, independentemente da pena de multa, serão cobradas do infrator as despesas em que incorrer a Administração para tornar efetivas as medidas previstas nos citados incisos, na forma dos arts. 36, 53, 56 e 58 do Código de Águas, sem prejuízo de responder pela indenização dos danos a que der causa.

§ 3º. Da aplicação das sanções previstas neste título caberá recurso à autoridade administrativa competente, nos termos do regulamento.

§ 4º. Em caso de reincidência, a multa será aplicada em dobro.

Título IV – Das Disposições Gerais e Transitórias

Art. 51. O Conselho Nacional de Recursos Hídricos e os Conselhos Estaduais de Recursos Hídricos poderão delegar a organizações sem fins lucrativos relacionadas no art. 47 desta Lei, por prazo determinado, o exercício de funções de competência das Agências de Água, enquanto esses organismos não estiverem constituídos. (*Redação dada pela Lei 10.881, de 2004*)

Art. 52. Enquanto não estiver aprovado e regulamentado o Plano Nacional de Recursos Hídricos, a utilização dos potenciais hidráulicos para fins de geração de energia elétrica continuará subordinada à disciplina da legislação setorial específica.

Art. 53. O Poder Executivo, no prazo de cento e vinte dias a partir da publicação desta Lei, encaminhará ao Congresso Nacional projeto de lei dispondo sobre a criação das Agências de Água.

Art. 54. O art. 1º da Lei 8.001, de 13 de março de 1990, passa a vigorar com a seguinte redação:

"Art. 1º. (...)

"III – quatro inteiros e quatro décimos por cento à Secretaria de Recursos Hídricos do Ministério do Meio Ambiente, dos Recursos Hídricos e da Amazônia Legal;

"IV – três inteiros e seis décimos por cento ao Departamento Nacional de Águas e Energia Elétrica – DNAEE, do Ministério de Minas e Energia;

"V – dois por cento ao Ministério da Ciência e Tecnologia.

"(...)

"§ 4º. A cota destinada à Secretaria de Recursos Hídricos do Ministério do Meio Ambiente, dos Recursos Hídricos e da Amazônia Legal será empregada na implementação da Política Nacional de Recursos Hídricos e do Sistema Nacional de Gerenciamento de Recursos Hídricos e na gestão da rede hidrometeorológica nacional.

"§ 5º. A cota destinada ao DNAEE será empregada na operação e expansão de sua rede hidrometeorológica, no estudo dos recursos hídricos e em serviços relacionados ao aproveitamento da energia hidráulica."

Parágrafo único. Os novos percentuais definidos no *caput* deste artigo entrarão em vigor no prazo de cento e oitenta dias contados a partir da data de publicação desta Lei.

Art. 55. O Poder Executivo Federal regulamentará esta Lei no prazo de cento e oitenta dias, contados da data de sua publicação.

Art. 56. Esta Lei entra em vigor na data de sua publicação.

Art. 57. Revogam-se as disposições em contrário.

Brasília, 8 de janeiro de 1997; 176º da Independência e 109º da República.

BIBLIOGRAFIA

CABRAL, B. (coord.). *Direito Administrativo – Tema Água*. Brasília, Senado Federal, 1997.
CAMPOS, José N. B. "Vulnerabilidades hidrológicas do semi-árido às secas", *Planejamento e Políticas Públicas*, n. 16, dez. 1997.
CANO, Guillermo J. "Introducción al tema de los aspectos jurídicos del principio contaminador-pagador", in *El Principio Contaminador-Pagador – Aspectos Jurídicos de su Adopción en América*. Buenos Aires, Fraterna, 1983.
CRETELLA JÚNIOR, José. *Dicionário de Direito Administrativo*. 3ª ed. Rio de Janeiro, Forense.
CUNHA, Antonio G. *Dicionário Etimológico da Língua Portuguesa*, Rio de Janeiro, Nova Fronteira, 1982.

DOUMBÉ-BILLÉ, Stéphanne. "L'Agenda 21 et les eaux douces", in PRIEUR e DOUMBE-BILLE (orgs.). *Droit de l'Environnement et Développement Durable*. Limoges, PULIM, 1994.
DROBENKO, Bernard. *Introduction au Droit de l'Eau*. 1ª ed. Paris, Johanet, 2014.

FIGUEIREDO, Lúcia Valle. *Curso de Direito Administrativo*. 9ª ed. São Paulo, Malheiros Editores, 2008.
FRYDMANN, Benoît e HAARSCHER, Guy. *Philosophie du Droit*. Paris, Dalloz, 2002.

GARCÍA DE ENTERRÍA, Eduardo e FERNÁNDEZ, Tomás-Ramon. *Curso de Derecho Administrativo*, vol. I. Madri, Civitas, 1981.
GIANNINI, Massimo S. *Istituzioni di Diritto Amministrativo*. Milão, Giuffrè, 1981.
GRANZIERA, Maria L. M. *Direito de Águas*. 4ª ed. São Paulo, Atlas, 2014.
_____. *Agência Nacional de Águas – ANA*. São Paulo, Atlas, 2015.

HABERMAS, Juergen. *A Mudança Estrutural da Esfera Pública*. Trad. de Flávio R. Kothe. Rio de Janeiro, Tempo Brasileiro, 2003.

LOZANO, Blanca. "Modificaciones y vicissitudes de la planificación hidrológica", in *Planificación y Ordenamiento Jurídico de los Recursos Hídricos*. Madri, Fundación Agbar e Consejo General del Poder Judicial, 2015.

MACHADO, Paulo A. L. *Recursos Hídricos: direito brasileiro e internacional*. São Paulo, Malheiros Editores, 2002.

MARIENHOFF, Miguel. "Régimen y legislación de las aguas públicas y privadas", t. V. Buenos Aires: Abeledo, 1939, *apud* PINTO, Mauricio *et al. El Derecho Humano al Agua*. Buenos Aires, Abeledo Perrot, 2008.

MATEO, Ramon M. *Tratado de Derecho Ambiental*, t. II. Madri, Trivium, 1992.

MEIRELLES, Hely Lopes. *Direito Administrativo Brasileiro*. 42ª ed. São Paulo, Malheiros Ediotres, 2016.

MONTEIRO FINS, MOREIRA ALVES E DE BONIS. "A lei federal de recursos hídricos", *5 Anos Após a ECO-1992*, Anais. São Paulo, Instituto O Direito por um Planeta Verde, 1997.

OLIVEIRA José M. D. *Direito Tributário e Meio Ambiente*, Rio de Janeiro, Renovar, 1995.

PIMENTA BUENO, José A. *Direito Público Brasileiro e Análise da Constituição do Império*. Rio de Janeiro, Typografia Imp. e Const. de J. C. Villeneuve, 1857.

POMPEU, Cid T. "Recursos hídricos na Constituição de 1988", *RDA* 186/10, out.-dez. 1991.

_____. "Legislação de água no Brasil", *Águas – Seminário: Mananciais e Uso. Saneamento e Saúde. Política e Legislação*. Salvador, Goethe Institut e Secretaria do Meio Ambiente do Município de Salvador, 1994.

PINTO, Mauricio et al. *El Derecho Humano al Agua*. Buenos Aires, Abeledo Perrot, 2008.

PRIEUR, Michel et al. *Droit de l'Environnement*. 7ª ed. Paris, Dalloz, 2016.

SANTIN, Janaína R. e CORTE, Thaís D. *O Direito das Águas Subterrâneas*. Santa Maria, UFSM, 2013.

SETTI, Arnaldo. *A necessidade do uso sustentável dos recursos hídricos*. Brasília, Ministério do Meio Ambiente, dos Recursos Hídricos e da Amazônia, 1994.

SILVA, Fernando Q. "A gestão dos recursos hídricos após a Lei 9.433, de 8.1.1997", in FREITAS, Vladimir P. (org.). *Direito Ambiental em Evolução*. Curitiba, Juruá, 1998.

TECLAFF, Ludwik A. "Evolution of the River Basin Concept in National and International Water Law", *Natural Resources Journal*, vol. 36. Primavera 1996.

VALLADÃO, Alfredo, in CABRAL, B. (coord.). *Direito Administrativo – Tema Água*. Brasília, Senado Federal, 1997.

***